흑백리더십

리더십은
경계를 넘나들 때 견고해진다

흑 ● 백
리더십

이재하, 이상렬, 서남식 지음

세상에 나쁜 리더는 없다.
단지, 시좌視座가 다를 뿐이다

프롤로그

흑과 백 사이,
진짜 리더는 경계를 넘나든다

리더는 누군가의 내일을 바꾼다. 바꾸는 방식은 저마다 다르다. 그 결과도 저마다 다르다. 옳은 리더, 탁월한 리더, 좋은 리더를 정의한다는 것은 어렵다. 기울어지지 않은 리더가 좋을 때도 있고, 때로는 기울어져야 좋을 때도 있다.

강철 같은 결단력으로 조직을 이끄는 리더도 있고, 따뜻한 공감으로 마음을 얻는 리더도 있다. 변혁적 리더십, 서번트 리더십, 상황적 리더십… 서점에는 리더십 이론이 넘쳐난다. 하지만 정작 당신 앞의 리더는, 그리고 리더인 당신 자신은 어떤 이론으로도 온전히 설명되지 않는다. 이론은 완벽해 보이지만 현실은 혼란스럽다. 리더십은 본질적으로 개별적이고, 상황과 조직문화, 구성원의 특성에 따라 끊임없이 변화하기 때문이다.

하지만 멀리서 보면, 이 복잡한 세상은 결국 흑과 백으로 수렴된다. 흑백리더십은 흑^黑과 백^白이라는 강력한 은유로 모든 리더를 두 가지 본질적 관점에서 재해석한다. 흑은 나쁨이 아니고, 백은 선함이 아니다. 흑은 위에서 아래로, 지위와 권위를 통해 조직을 이끄는 힘이며, 백은 아래에서 위로, 공감과 전문성으로 구성원과 함께 성장하는 힘이다. 이것은 단지 리더십을 바라보는 서로 다른 시좌^{視座}일 뿐이다. 오히려 이 단순함 속에서 리더십의 본질을 꿰뚫고, 그 무한한 다양성을 온전히 이해할 수 있다.

Chapter 1에서는 흑백리더십의 개념적 토대를 구축한다. 먼저 흑과 백이 좋고 나쁨을 의미하지 않는다는 점을 명확히 한다. 이것은 가치 판단이 아니라 관점의 차이다. 스티브 잡스는 흑 리더십의 대표적 인물로, 그의 완벽주의와 강력한 비전 제시는 애플을 세계 최고의 기업으로 만들었다. 반면 사티아 나델라는 백 리더십으로 마이크로소프트를 부활시켰다. 이처럼 성공한 CEO들의 사례를 통해 흑백리더십이 실제로 어떻게 작동하는지 살펴본다.

흑 리더십의 핵심요소는 카리스마, 지위, 롤모델이다. 카리스마는 구성원들을 강력하게 이끄는 추진력이며, 지위는 조직 내에서 명확한 위계와 책임을 의미한다. 롤모델로서의 리더는 스스로가 최고의 기준이 되어 구성원들에게 방향을 제시한다. 반대로 백 리더십의 핵심요소는 친근감, 전문성, 촉진자다. 친근감은 구성원과의 심리적 거리를 좁히고, 전문성은 신뢰의 기반을 만들며, 촉진자로서의 역할은 구성원의 성장을 돕는다. 그러나 진정한 리더십은 흑과 백 중 하나를 선택하는 것이 아니다. 1장의 마지막에서 리버시Reversi 리더십이라는 통합모델을 제시한다. 오셀로 게임처럼, 상황에 따라 흑과 백을 자유자재로 전환할 수 있는 유연성이야말로 현대 리더가 갖춰야 할 핵심 역량이다. 1장 말미에는 독자 스스로 자신의 리더십 성향을 파악할 수 있는 흑백리더십 진단지를 제공한다.

  Chapter 2는 가장 실용적인 장이다. 1장에서 진단한 당신의 리더십 DNA를 깊이 있게 탐구한다. 흑백리더십 진단 결과에 따라 리더는 크게 세 가지 유형으로 분류된다.

  신뢰형 리더는 일관성과 원칙을 중시한다. 이들은 다시 세 가지 세부 유형으로 나뉜다. 기준수호자는 조직의 규칙과 원칙을 지키는 데 탁월하며, 안정적인 조직 운영이 필요할 때 빛을 발한다. 열린전문가는 자신의 전문성을 바탕으로 신뢰를 구축하되, 구성원의 의견에도 귀 기울이는 균형감을 가졌다. 핵심활용가는 조직의 핵심 인재와 자원을 전략적으로 활용하여 최대의 성과를 만들어낸다.

  매력형 리더는 사람을 끌어당기는 힘이 있다. 몰입추진가는 강한 추진력으로 프로젝트를 빠르게 진행시키며, 구성원들을 열정적으로 몰입시킨다. 신뢰연결자는 조직 내외부의 다양한 이해관계자들을 연결하고 네트워크를 구축하는 데 능하다. 친근설득가는 부드러운 접근으로 구성원들의 마음을 얻고, 자연스럽게 변화를 이끌어낸다.

권위형 리더는 명확한 위계와 책임을 바탕으로 조직을 이끈다. 신속집행자는 빠른 의사결정과 실행력이 특징이며, 위기 상황에서 특히 강력한 리더십을 발휘한다. 자율형코치는 권한을 부여하되 적절한 가이드를 제공하여 구성원의 자율성과 책임감을 동시에 키운다. 균형결정자는 다양한 이해관계를 조율하고 최적의 균형점을 찾아내는 데 탁월하다.

이 아홉 가지 유형을 이해하는 것만으로도 당신은 자신의 강점과 약점을 명확히 알게 된다. 하지만 궁극의 목표는 리버시 리더로 성장하는 것이다. 2장의 마지막 섹션에서는 각 유형별로 어떻게 리버시 리더로 진화할 수 있는지 구체적인 로드맵을 제시한다. 2장 말미에는 각 유형을 상징하는 캐릭터를 소개하여, 독자들이 자신의 유형을 더욱 직관적으로 이해할 수 있도록 돕는다.

Chapter 3는 이 책의 심장부다. 이론과 진단을 넘어 실전에서 어떻게 흑백리더십을 발휘할 것인가에 대한 구체적인 가이드를 제공한다. 흑 리더의 첫 번째 자격은 지위에 걸맞는 책임감이다. 많은 리더들이 권한은 누리되 책임은 회피하려 한다. 하지만 진정한 흑 리더는 자신의 지위가 주는 모든 책임을 기꺼이 감당한다. 결정의 무게를 이해하고, 실패의 책임을 구성원에게 전가하지 않으며, 조직의 방향을 명확히 제시하는 것이 흑 리더의 본질이다. 실제 기업의 사례를 통해 책임감 있는 리더십이 어떻게 조직을 변화시키는지 보여준다.

흑 리더에게 필요한 카리스마의 진정한 의미는 무엇인가? 카리스마는 타고나는 것이 아니라 만들어지는 것이다. 명확한 비전, 일관된 행동, 그리고 결단력 있는 의사결정이 카리스마를 만든다. 카리스마는 구성원을 압도하는 것이 아니라, 구성원이 기꺼이 따르고 싶게 만드는 힘이다. 카리스마를 개발하는 구체적인 방법론을 제시한다.

흑 리더의 롤모델로서 가치는 완벽주의와 디테일에 있다. 리더가 대충하는 조직에서 구성원이 완벽을 추구하길 기대할 수 없다. 흑 리더는 스스로가 최고의 기준이 되어야 한다. 이것은 구성원을 억압하는 것이 아니라, 조직 전체의 수준을 끌어올리는 강력한 동력이 된다. 디테일에 대한 집착이 어떻게 조직의 경쟁력으로 전환되는지, 실제 사례를 통해 살펴본다.

백 리더십은 기다림에서 시작된다. 급하게 답을 주려 하지 않고, 구성원 스스로 답을 찾을 때까지 기다려주는 인내심. 이것이 백 리더십의 첫걸음이다. 많은 리더들이 이 기다림을 견디지 못하고 성급하게 개입한다. 하지만 진정한 성장은 기다림 속에서 일어난다. 기다림의 리더십이 어떻게 구성원의 자율성과 창의성을 키우는지 보여준다. 백 리더십은 배움에서 시작된다. 백 리더는 스스로를 완성된 존재로 보지 않는다. 구성원으로부터 배우고, 시장으로부터 배우고, 실패로부터 배운다. 이런 겸손함이 역설적으로 구성원들에게 더 큰 신뢰를 준다. 배우는 리더는 변화하는 환경에 빠르게 적응하고,

조직 전체를 학습조직으로 만든다.

백 리더십은 친근한 소통에서 시작된다. 권위를 내려놓고 구성원과 눈높이를 맞추는 것, 일방적 지시가 아닌 양방향 대화를 하는 것, 이것이 백 리더십의 핵심이다. 친근함은 나약함이 아니라, 구성원의 진심을 이끌어내는 강력한 도구다. 소통의 구체적인 기법과 실제 대화 사례를 풍부하게 제공한다.

3장 말미에는 특별한 코너가 있다. 바로 '리더에게 보내는 편지'다. 실제 구성원들이 자신의 리더에게 전하고 싶었던 솔직한 이야기들을 담았다. 이 편지들은 리더가 미처 보지 못했던 조직의 민낯을 보여주며, 진정한 리더십이 무엇인지 성찰하게 만든다.

Chapter 4는 미래를 향한다. AI 시대, 리더십은 어떻게 변화해야 하는가? AI가 많은 것을 대체할 수 있지만, 대체할 수 없는 리더의 힘이 있다. 바로 공감, 윤리적 판단, 그리고 비전 제시다. 기계가 데이터를 분석하고 최적의 답을 제시할 수 있지만, 그 답이 조직에 어떤 의미를 갖는지, 구성원들에게 어떤 영향을 미치는지 판단하는 것은 오직 인간 리더만이 할 수 있다. AI 시대에도 변하지 않는 리더십의 본질을 탐구한다. 동시에 AI가 바꾼 리더의 자질도 있다. 이제 리더는 모든 것을 알 필요가 없다. 대신 AI를 활용하여 빠르게 학습하고, 데이터 기반으로 의사결정하며, 구성원들이 AI와 협업할 수 있도록 돕는 능력이 필요하다. 리더의 역할은 전지전능한 존재에서 오케스트라의 지휘자로 변화하고 있다.

AI를 활용한 양방향 소통의 시대가 열렸다. AI는 구성원들의 피드백을 실시간으로 분석하고, 조직의 감정 상태를 파악하며, 리더가 미처 보지 못한 조직의 문제를 발견하도록 돕는다. 리더는 AI를 통해 더 많은 구성원과 더 깊이 소통할 수 있다. 실제로 활용 가능한 AI 도구들을 소개하고, 이를 리더십에 어떻게 접목할 수 있는지 구체적으로 안내한다.

AI와 공생하는 조직문화를 구축하는 것이 미래 리더의 과제다. AI를 두려워하거나 맹신하는 것이 아니라, AI를 도구로 활용하면서도 인간의 가치를 존중하는 문화를 만들어야 한다. 선진 기업들의 사례를 통해 AI와 인간이 조화롭게 협업하는 조직을 어떻게 만들 수 있는지 보여준다. 4장 말미에는 리더를 위한 AI 툴 추천 목록을 제공한다. 의사결정 지원 도구부터 소통 플랫폼, 성과 관리 시스템까지, 실제로 활용할 수 있는 구체적인 도구들을 소개한다.

이 책은 다양한 세대를 아우르는 도합 60년 이상의 경력을 가진 인사 전문가들이 현장에서 직접 목격하고 경험한 생생한 사례로 가득하다. 이론서가 아니라 실전서다. 성공한 CEO들의 실제 리더십 스타일부터, 당신의 리더십 DNA를 발견할 수 있는 진단 도구, 그리고 AI 시대를 관통하는 미래 리더십의 방향까지 모두 담았다.

흑백리더십을 통해 당신은 마침내 자신만의 리더십을 발견하게 될 것이다. 흑도 백도 아닌, 상황에 따라 자유롭게 전환할 수 있는 리버시 리더로 성장하는 여정이 시작된다. 그리고 이 책을 덮을 때쯤,

점점 더 복잡해지는 조직 환경 속에서 미래를 리드할 지혜와 용기를 얻게 되기를 바란다.

리더십은 완성되는 것이 아니라 진화하는 것이다. 이 책이 당신의 리더십 진화에 작은 이정표가 되기를 바란다.

목차

프롤로그

흑과 백 사이, 진짜 리더는 경계를 넘나든다   7

Chapter 1. 흑백 리더십의 발견

흑과 백, 선악이 아닌 시좌의 차이   21

세계를 움직인 CEO들의 흑백 리더십   33

흑 리더십: 카리스마, 지위, 롤모델   51

백 리더십: 전문성, 친근감, 촉진자   67

리버시Reversi 리더십: 흑과 백을 자유롭게 넘나드는 힘   83

진단 당신의 흑백 리더십 발견하기   92

Chapter 2. 나의 리더십 DNA: 9가지 유형

신뢰형 리더: 기준수호자, 열린전문가, 핵심활용가   101

매력형 리더: 몰입추진가, 신뢰연결자, 친근설득가   115

권위형 리더: 신속집행자, 자율형코치, 균형결정자   127

리버시Reversi 리더가 되는 길   141

캐릭터 9가지 리더십 유형 한눈에 보기   148

Chapter 3. 실전 흑백 리더십

흑 리더의 자질, 책임감	153
리더의 카리스마는 만들어진다	159
완벽주의와 디테일이 만드는 롤모델	163
백 리더의 덕목, 기다림	169
배움으로 시작하는 백 리더십	177
친근한 소통이 여는 신뢰의 문	183
흑백 리더의 실전 전술	195
편지 리더에게 전하지 못한 말들	216

Chapter 4. AI 시대, 리더의 미래

AI가 대체할 수 없는 것들	227
AI 시대가 요구하는 새로운 자질	239
AI와 함께하는 양방향 소통	247
AI와 인간이 공존하는 조직문화	257
AI 시대의 흑백리더십 적용 사례	265
도구 AI 시대 리더를 위한 필수 툴	274

에필로그

현장에서, 현장을 위해	276

Chapter 1

흑백 리더십

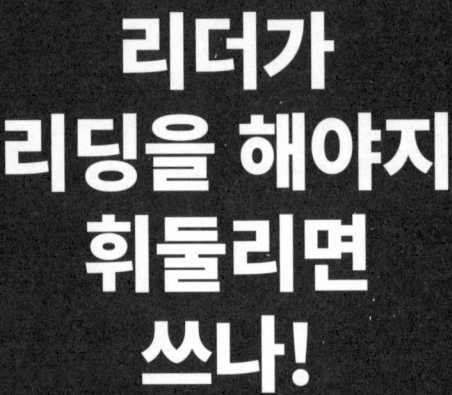

흑과 백,
선악이 아닌 시좌의 차이

회사는 어디까지나 공공의 이익을 위해 의도된 조직원들이 모인 추상적인 법인法人이지만, 그 이름(모을 會, 모일社)의 주어인 구체적인 사람人이 존재한다. 세상에서는 정말 기상천외한 사람들이 많은 만큼 각양각색의 회사와 조직문화가 존재하고, 그만큼 다양한 리더십도 존재한다. 리더십에 대한 다양한 정의가 존재하지만, 일반적으로 공동의 목표를 달성하기 위해 개인이나 집단에 영향력을 행사하는 과정을 뜻한다. 그렇기에 리더는 기본적으로 명령하고 지시하며, 때로는 구성원들에게 영감을 주고 동기를 부여한다. 또 어떤 리더는 개개인의 긍정적 특성을 개발하고, 잠재력을 발휘해 줄 수 있도록 지원한다.

그런데 이러한 다양한 리더와 리더십도 크게 보면 흑과 백으로 우리에게 보여진다. 우선 리더 스스로 주도하고, 구성원들을 통제하며, 성과를 중심으로 리더십을 발휘하는 흑黑 리더십. 그리고 반대로 구성원들의 자율성을 믿고 결과보다 과정의 소중함을 믿으며, 상황에 맞는 유연성을 발휘하는 백 리더십이 존재한다. 최근의 리더십 연구나 교육의 방향성은 백 리더십을 지향하고, 마땅히 도달해야 할 리더십의 종착지처럼 바라보는 경향이 있다.

하지만 현실에서는 여전히 흑 리더십으로 성공하고 유지하는 기업이 더 많은 것이 현실이다. 결국 리더십이라는 단일 리더의 역량도 중요하지만, 더욱 중요한 것은 해당 조직이 향유하고 있는 산업, 그간 많은 사람들이 모여 당연한 상식을 만들고, 이 것이 규범화되어 형성된 조직문화, 업무의 특성이 더 크게 작용하는 경우가 많다. 오히려 사회적 정서나 기류(백 리더십을 향한)에 휩쓸려 필요한 리더십을 발휘하지 못하도 경우가 있다. 이나모리 가즈오의 사례가 대표적이다.

小善は大悪に似たり,
大善は非情に似たり.

소선은 **대악**과 닮아있고,
대선은 **비정**과 닮아있다.

이나모리 가즈오 (교세라 그룹 창업자)

일본 경영학의 3대 대가로 불리우는 이나모리 가즈오의 이 말이야 말로 흑 리더십의 정수를 보여준다. 물론 이 말의 1차적 의미는 당장 눈앞의 작은 선행이 때로는 더 큰 악행으로 이어질 수 있고, 반면에 겉보기에 냉정하고 비정해 보이는 결정이 실제로는 모두에게 이로운 큰 선행이 될 수 있다는 의미를 담고 있다. 이나모리 가즈오 회장은 교세라와 KDDI를 창업하고 일본항공(JAL)을 회생시킨 경영의 신으로 불리며, 아메바 경영과 경영 12원칙 등 독자적인 경영 철학을 정립했는데 위 명언은 그의 경영 철학의 핵심을 가장 대표적으로 꿰뚫는 개념 중 하나다.

만약 업무 성과가 극심히 부진하고 태도가 좋지 않아 다른 동료에게 심각한 피해를 주는 직원을 어떻게 해야 할까? 당장의 소선小善으로 부족함을 감싸주고, 주변 동료들이 도와준다면 간단이 해결될 일이다. 하지만 이와 같은 소선小善이 관습으로, 나아가 문화가 되어버리면 직원들의 사기는 저하되고, 이는 회사 전체의 생산성을 감소시키며, 종국에는 회사의 경영 자체가 어려워지는 결과(대악大惡)로 이어질 수도 있다.

어느 회사나 조직의 운영을 위해 인사 차원에서 엄격히 시행되어야 하는 제 1원칙은 단연 신상필벌(信賞必罰)이다. 즉, 개인에게 필요한 것은 도움이 아니다. 잘한 이에게는 마땅한 보상을 주고, 못한 이는 다소 비정하더라도 엄격히 대한다. 이것이 결과적으로 모두를 위한 대선大善이다. 그렇기에 아마존에는 Pay to quit라는 인수하기 전자포스 회사에서 운영하던 제도를 그대로 승계하여 운영하고 있다. 오히려 부진한 직원들에게 소정의 보상을 제시하며 회사를 나가는 것을 권유하는 것이다.

반대로 대선大善이 비정非情과 닮은 경우로 대표적인 것은 구조조정이다. 일부 직원을 해고하는 결정은 당사자에게는 매우 비정하고 냉혹하게 느껴질 수 있다. 하지만 이러한 냉정한 결정이 결국 회사를 회생시키고, 남아있는 대다수 직원의 일자리를 보존하며, 나아가 사회 전체에 기여할 수 있는 기반을 마련한다면 이는 장기적으로 볼 때 모두에게 이로운 '큰 선행(대선)'이 될 수 있다.

이는 개인의 희생이 따르지만 전체를 살리는 결정이며, 이나모리 가즈오는 경영자와 리더에게 냉철한 판단력과 용기 있는 결단력을 요구한다. 개인적인 감정이나 일시적인 인정에 얽매이지 않고, 조직 전체와 미래를 위한 가장 합리적이고 올바른 결정을 내리는 것이 진정한 리더의 역할이라고 강조한다.

물론 위 사례는 매우 극단적인 사례로, 구조조정과 같은 선택은 정말 회사의 존폐가 위협받는 결정적인 경우에 선택해야하는 차선 중의 차선이다. 현실에서는 다음과 같은 사례가 보다 일반적이다. 과거 어느날 모 그룹에서 조직개편이 되면서 지주회사에서 임원 한 분이 우리 회사 조직의 부서장으로 오시게 되었다. 바로 전상무!

그(그녀)는 업무 추진력이 좋아 대표이사로부터 신망이 두텁고 그룹내부에서도 우수인재로 촉망받는 인재이다. 하지만 그에게는 2가지 별명이 따라다닌다. 좋은 의미로는 여러 개의 과제가 주어져도 꼼꼼히 챙기면서 완벽히 추진한다고 해서 붙여진 "이지스함"이라는 별명이 존재한다. 그리고 나쁜 의미로는 구성원들을 타이트하게 관리하고 통제한다고 해서 일부 용기있는 부하사원들이 붙인 "전 대리"라는 별명도 존재한다. 그만큼 자신에게 주어진 업무에 대해서는 완벽하다는 평가가 많은 편이다. 이런 소문들 때문에 우리 부서 구성원 모두가 긴장하고 있는 분위기였다.

전상무가 오고 크게 달라진 점은 부서 회의가 많아졌다. 보통 월요일 1회하던 정기회의 외에 주요 이슈별로 진행하는 수시 회의가 많아졌다. 수시로 업무를 챙기는 전상무 때문에 자리를 비우는 구성원들도 없어졌고 쏟아지는 과제를 수행하느라 여유가 없어졌다. 회의가 많아지다보니 회의 준비시간이 늘어나 업무 강도가 높아지기는 했지만 좋은 점은 의사결정이 빠르고 조직간 커뮤니케이션이 명확해 지다보니 전체적인 업무 달성도는 높아졌다.

또한 구성원들도 업무를 대하는 자세가 좀 달라진 것 같았다. 회의시간마다 전상무의 무겁고 엄중한 목소리와 구성원들에게 전달하는 챌린지(업무관련 조언)를 강하게 받다 보니 구성원의 입장에서는 업무 긴장도가 높아지고 자연스럽게 내부 업무관련 커뮤니케이션도 많아진 느낌이다.

"회의시간이 두렵기는 한데 그래도 결론이 나다보니 일하기는 편하네"

"그러게… 두리뭉실 있는 것보다 갈지 말지가 명확하다보니 지체되는 것보다는 나은 것 같아"

이러한 업무 분위기가 지속되면서 팽팽한 긴장감이 오히려 조직에는 좋은 건가 하는 생각이 들기도 했다. 바로 여기까지가 흑 리더십의 대표적인 장점이다. 나의 업무가 자주 관찰받고 통제받는다는 심리적인 변화는 구성원들로 하여금 일시적인 호손효과Hawthorne effect를 일으켰고, 단기적인 업무 몰입과 생산성은 높아진 듯 보였다. 하지만 3개월이 지난 시점부터 내부 구성원들간에는 이상한 분위기가 감지되기 시작했다.

이과장　김대리님! 저번에 전상무가 지시했던 시장조사 보고서는 다 됐지. 이번주 회의시간에 보고해야 해

김대리　예 80% 완료는 되었습니다만 잠재 경쟁사에 대한 보고가 아직 미흡합니다

이과장　잠재 경쟁사 보고? 그것도 업무 범위에 있던 건가?

김대리　아니요. 그래도 시장조사 보고를 하려면 잠재 경쟁사에 대한 보고가 있어야 하지 않을까요?"

이과장　아니야 김대리!　그 내용은 빼도록 하자고… 저번에도 지시한 내용 외 보고내용 추가했다가 우리부서 모두 야근만 했잖아. 지시한 내용 중심으로만 보고하는게 나아. 그래야 챌린지도 없을 테니까…

어느 순간부터는 위의 이과장 말에 팀원 대부분이 동의하는 분위기가 되어버렸다. 그래도 과거에는 팀원들이 스스로 아이디어를 개진했었는데, 이제는 전상무가 관리위주로 업무를 챙기다보니 각자가 지시한 업무중심으로 일을 하는 분위기가 팽배해졌다. 이른바 챌린지, 비난받지 않기 위한 불필요한 업무들이 늘어났으며, 예전에는 업무 방식과 가치에 대해 집중을 하는 분위기였다면 지금은 업무 결과와 성과를 위해 일이 '쳐내야 하는 대상'이 되어버렸다. 요즘따라 구성원들이 '회사생활이라는게 이런건가?'와 같은 생각들을 더 자주 표현하기 시작했다.

만약 전상무의 조직이 구성원들의 창의성과 주도성을 필요로하는 부서였다면. 또한 이러한 방식으로 장기간 유지된다면 이 흑 리더십은 완전히 실패했을 것이다. 반대로 유연하고 진정성 있는 백리더십은 어떠할까? 과거 A부서 문팀장은 요즘 자주 얘기되는 수평적이고 진정성있는 '진성 리더십'을 직접 실천하고 계신 분이다. 다음은 매주 월요일, 팀장주재로 부서회의를 하는 날의 전경이다.

문팀장 주말은 모두 다 잘 쉬셨죠? 오늘 임원회의에서 나온 이슈인데 올 하반기 신규 광고주 확보방안에 대해 다음주 화요일까지 보고해 달라는 대표님 지시가 있어요. 주요 산업별 경기동향과 함께 접촉 가능한 광고주 리스트가 정리되어야 할 것 같은데 이 과제 어떻게 할까요?

신과장 작년에는 저희 조사파트에서 보고를 했었는데 그때도 자료 조사가 어려워 기획파트 도움을 많이 받았습니다. 대표님 보고인 만큼 이번에도 기획파트와 같이 하면 더 효율적인 것 같은데요…

김과장 저희 기획파트는 이번주에 광고주 효율분석 보고가 있어 마무리하려면 지원이 어려울 것 같은데요… 지원할 인력이 없어서… 어쩌죠?

문팀장 맞아요. 기획파트가 효율분석보고가 있네. 그런데 팀 우선순위로는 신규광고주 확보방안이 더 중요한 보고일 것 같네요. 김과장님이 기획파트에서 CO-WORK 할 수 있도록 한번 조정해 줄 수 있을까요? 제가 지원할 수 있 수 있는 내용이 있으면 얘기해 줬으면 좋겠구요

김과장 팀장님! 저희쪽에서 지원을 하는건 좋은데 진짜 지원인력이 없습니다. 부서내 모든 구성원이 바쁜상황 임을 봤을 때 이번 보고는 조사파트에서 해주는 것이 맞다고 생각합니다

문팀장 OK! 일단 알겠어요. 파트장님들 의견도 맞고 우리 팀 상황도 이해는 가는데… 그래도 우리는 같은 조직이니 조직내에서 조율해서 진행을 해 보도록 합시다. 파트장님 외에도 과제 수행하는데 좋은 의견 있으시면 언제든지 제게 얘기해 주세요. 오늘 회의는 여기서 마치죠. 수고했습니다

그렇게 결론없이 회의는 마무리 됐다. 다음날 조사파트 박대리에게 신규광고주 확보방안 보고서에 대해 물어봤다.

"박대리! 어제 보고서는 어디서 하기로 한거야?"

박대리 아직 의견 조율 중인 것 같아. 이럴때는 그냥 팀장님이 강하게 지시를 해주셔야 결론이 날 것 같은데 이렇게 시간이 가면 이거 또 마지막에 야근 각인데…

박대리는 한숨을 쉬었다.

박대리 팀장님이 구성원들 의견도 잘 들어주시고 구성원 개개인의 성장을 위해 적극적으로 지원해 주시는건 좋은데 그러다보니 너무 시간이 많이 걸려. 그럴때마다 그냥 지시해주고 정해주면 좋겠는데 하는 생각도 드네

"그러게. 배려해 주시는데 뭐라고 하기도 그렇고 그런 팀장님께 업무성과로 더 보답하고 싶은데 야근이 너무 싫어ㅠ"

위 사례처럼 유연하고 수평적인 리더십이 오늘날 많은 조직에서 지향하는 바람직한 형태로 보여지기는 한다. 만약 이 부서의 리더가 전상무와 같은 흑 리더십을 갖추었다면, 지원할 인력이 없다는 과장의 푸념을 결코 좌시하지 않았을 것이다. 이처럼 백 리더십은 구성

원들의 자율성과 창의성을 존중하고, 적극적인 참여를 유도하여 주인의식을 높이는 데 기여한다.

또한, 개개인의 성장을 지원하며 서로의 의견을 자유롭게 교환할 수 있는 문화를 조성함으로써 팀원들이 잠재력을 최대한 발휘하고 혁신적인 아이디어를 제안하도록 독려한다. 이러한 리더십은 장기적으로 조직의 적응력을 높이고, 긍정적인 팀 분위기를 형성하며, 구성원들의 만족도를 향상시키는 데 큰 장점이 있다.

하지만 마지막 박대리의 한숨처럼, 이러한 리더십 스타일이 항상 긍정적인 결과만을 가져오는 것은 아니다. 때로는 지나친 유연성과 수평적 관계는 의사결정 과정의 지연을 초래하여 업무 효율성을 떨어뜨릴 수 있다. 특히 모든 의견을 수렴하고 합의를 이끌어내는 데 많은 시간이 소요되어, 특히 긴급하거나 신속한 대응이 필요한 상황에서는 오히려 방해가 될 수 있다. 여기에 명확한 방향 제시나 단호한 결정까지 부족할 경우, 구성원들이 혼란을 느끼거나 책임 회피로 이어질 가능성도 있다. 결과적으로 팀원들이 과도한 야근이나 업무 부담을 느끼게 되어, 겉으로는 좋아 보이는 리더십이 실제로는 스트레스와 피로도를 가중시키는 역효과를 낼 수도 있다.

결국 흑이 맞는지, 백이 맞는지는 중요하지 않다. 우리의 조직은 마치 바둑판과 같아, 상황에 따라 흑돌과 백돌이 각각 두어져야 할 정확한 자리에 적절한 순서로 놓여지는 것이 더욱 중요하다. 그렇기에 경기를 지배하고 싶다면, 적어도 이 판세가 어떻게 흘러가는지 파악하고 싶다면 흑돌과 백돌 모두를 이해하고 있어야 한다. 특히 우리의 회사생활은 일을 잘 하는 것도 중요하지만, 어떤 관계를 맺고 있고, 리더든 구성원이든 상대방에게 인정받는 것이 더욱 중요하다.

누군가에게 인정받는다는 것은 내가 가진 색채를 상대방이 인지하고 그 가치를 인정해 줄 때 비로소 완성되는 과정이기 때문이다. 이처럼 관계 속에서 흑과 백 서로의 색채를 분명하게 이해하고 인정할 때, 우리 조직이라는 바둑판은 더욱 다채롭고 견고하게 채워질 것이다.

아마도 이 글을 읽고 있는 누군가의 마음속에는 이미 흑과 백 어느 한쪽을 선호하고 지지할 것이다. 만약 높은 과업 지향성을 가지고 있고 불필요한 논의나 우유부단함보다는 속도와 결과에 집중하는 것을 중요하게 생각한다면. 스스로 당장 뭘 해야할지 잘 모르겠어서, 오히려 리더가 명확한 방향을 제시해주면 좋을 것 같은 구성원이라면 흑 리더십을. 반대로 높은 자율성 및 주도성을 보장받아 스스로 생각하고, 계획하며, 실행하는 것을 즐기는 사람, 이미 자기 업무에서 충분히 숙련된 전문가이면서 업무 과정에서 협업과 소통을 중시한다면 백 리더십을 선호할 것이다.

다음 Chapter에서는 실제 성공한 CEO들의 리더십 사례를 통해 흑 리더십과 백 리더십에는 어떤 차이가 존재하는지 사례를 통해 함께 살펴보도록 하자.

세계를 움직인 CEO들의
흑백 리더십

통제와 추진력의 카리스마, 흑 리더십

21세기는 리더십의 다원화 시대라 일컬어진다. 서번트 리더십, 진성 리더십, 사회화된 카리스마 리더십 등 셀 수 없는 리더십이 세상에 존재한다. 하지만 크게 보면 흑과 백, 두 개의 방향성이 존재한다. 이는 리더십의 영향력이 리더로부터 시작되는가, 아니면 구성원으로부터 시작되는지로 나누어 볼 수 있다. '통제'와 '강한 추진력'으로 대변되는 전형적 흑 리더십은 주로 조직 대전환의 순간 또는 거대한 혁신의 현장마다 면면히 그 존재감을 드러내고 있다.

흑 리더십은 명확한 비전과 목표를 리더가 제시하고, 의사결정과 실행의 주도권을 리더가 손에 쥐고 조직을 밀어붙이는 힘을 의미한다. 통제와 집중을 통해 성과를 극대화하고, 위계적·지시적 구조를 통해 엄격한 역할 분담과 일방향적 소통을 통해 최고 성과나 혁신을 위한 구성원의 헌신, 혹은 그 이상의 몰입을 요구한다. 대표적 사례로는 우선 Apple의 창업이자 혁신에 아이콘 스티브 잡스가 있다. 혁신과 완벽을 향한 '독재형' 리더십의 상징. 잡스는 "내 방식my way"을 고집하며, 사소한 디자인조차 직접 점검했다.

잡스의 강한 추진력과 깊은 몰입이 애플의 부활을 이끌었으나, 과정에서 직원들의 피로와 갈등도 불가피했다. 아이폰, 맥북 등 혁신 제품이 그의 통제 아래에서 탄생했지만, 인간적인 냉혹함 또한 조직문화에 그림자를 남겼다. Amazon의 창업자이자 전 CEO인 제프 베조스 역시 철저한 데이터와 표준의 신봉자로 대표적 흑 리더십의 보유자다. '투 피자 룰' 등 민첩한 소규모 팀 운영, 극단적인 성과 압박, 세밀한 관리를 접목하였으며, 그의 탁월한 문제 해결력과 집요함은 아마존을 글로벌 초거대 기업으로 성장시켰다. 하지만 동시에 과도한 업무 강도와 낮은 직원 만족도는 여전히 치명적인 단점으로 꼽힌다.

흑 리더십의 또 하나의 대표적 CEO이자, 90년대 대기업의 인사제도 기준자였던 GE의 전 CEO, 잭웰치는 "성과 없는 곳에 자리는 없다."는 경영철학 아래 1·2위 사업부 외에는 모두 정리, '20-70-10' 평가제(오늘날까지도 많이 사용하는 5단계 평가, 평가별 배분율 존재)처럼 냉혹한 기준으로 반석을 다졌다.

이와 같은 극강의 조직 정비는 GE를 산업계 대표 브랜드로 만들었으나, 지나친 경쟁은 내부 불안과 인재 유출을 동반했고, 이후

CEO가 교체되며 몰락의 길을 걷게 되었다. 흑 리더십의 가장 큰 맹점이 이것이다. 리더십의 영향력이 특정 리더에게서 비롯되기에, 사람이 바뀌면 기존의 방식도 통하지 않을 수 있다.

Microsoft 창업자인 빌 게이츠 역시 질문과 검증, 엄격한 목표 관리로 상징되는 흑 리더십의 대표 CEO이다. 신제품 리뷰에서 날카로운 질문 세례와 뛰어난 인재에 대한 집착, 그리고 결과 중심의 인센티브 시스템이 마이크로소프트를 IT 산업혁명의 주체로 이끌었지만 역시나 과도한 관료화와 직원 스트레스가 한계로 지적된다.

오늘날 가장 많은 이들이 회자하는 엘론 머스크(Tesla·SpaceX CEO)의 리더십은 진성 흑 리더십. 가혹한 통제, 불굴의 목표 설정, 극한의 실험정신으로 구현되는 머스크의 흑 리더십은 "불가능을 가능"으로 바꾸는 힘이기도 하지만, 극단적 업무문화와 번아웃(소진)이 늘 우려로 따라붙는다.

흑 리더십은 위기 돌파, 혁신 창출, 조직의 빠른 성장에 필수적 역할을 해 왔다. 리더의 강력한 카리스마와 집념은 세상을 바꾸는 파괴적 성과로 이어졌지만, 동시에 조직 내부에는 피로, 번아웃, 낮은 충성도 같은 부작용도 낳았다. 하지만 여전히 흑 리더십은 무엇이든 밀어붙여 "상상을 현실로 바꾸는 에너지"이다.

물론 그 과정에서 잃는 것(동료의 만족, 창의적 문화 등)도 존재하지만, 흑 리더십으로도 '위대한 조직'이란 이름이 온전히 완성된다. 다음은 위에서 언급한 흑 리더십CEO들의 실제 인터뷰를 참고하여 재

구성한 대화이다. 아래 짧은 가상의 인터뷰 만으로도 이들의 리더십 스타일과 신념을 충분히 엿볼 수 있다.

스티브 잡스와의 대화

Q 잡스 씨, 당신은 직원들에게 종종 혹독하다는 평을 듣는데, 그 이유가 뭔가요?

잡스 내 일은 사람들에게 쉬운 일만 시키는 게 아닙니다. 내 임무는 그들을 더 훌륭하게 만드는 것입니다.

Q 제품 혁신이 중요한 이유는 뭡니까?

잡스 좋은 아이디어가 전부의 10%입니다. 나머지는 수많은 시행착오, 디테일, 장인정신의 문제입니다. 팀이 싸우고 부딪히며 아이디어를 다듬는 과정에서 비로소 위대한 작품이 나옵니다. 정말 실력 있는 사람은 관리하기 힘들지만, 그들의 '콘텐츠'가 가장 중요하죠.

Q 직원을 채용할 때 가장 중시하는 점은?

잡스 정말 뛰어난 인재는 자기 일에 열정을 가집니다. 그게 전부죠.

흑 리더의 인사이트1) 리더는 자신만의 성공 요소를 분명히 인지하고 있어야 한다

흑백리더십 관점에서 잡스는 '흑 리더'의 전형으로, 조직 성공의 핵심 요소, 곧 제품과 콘텐츠를 만드는 최상급 인재가 누구인지 정확히 알고 이를 판별, 집중 하는지가 더 중요하다는 잡스의 성공 요소를 상기시킨다. 또한 좋은 아이디어는 10%에 불과하고, 나머지는 디테일과 장인정신, 치열한 논쟁이 만든다는 전제 아래, 리더는 높은 기준을 설정하고 갈등의 에너지를 제품 완성도로 전환하며, 열정과 실력을 겸비한 인재 채용에 직접 관여하고, 관리하기 어렵지만 보유한 핵심 역량이 높은 사람에게 권한과 시간을 배분해야 한다.

잡스에게는 수평적인 문화 보다 명확한 책임 하에 빠르고 단호한 의사결정, 회의적 합의나 형식적 협업보다 결과 중심의 실력 검증, 피드백의 명료성, 장인의 기준을 지키는 문화가 우선이다.

제프 베조스와의 대화

Q 아마존을 이토록 빠르고 강하게 키운 원동력은 무엇입니까?
베조스 고객 중심적 사고가 혁신을 이끕니다. 경쟁자만 쳐다보면 늘 뒤늦게 반응할 뿐이죠. 고객에 집착하세요.

Q 직원들에게 자주 강조하는 핵심 가치는?
베조스 최고를 기대합니다. 당신의 마진은 바로 내 기회입니다. 끈기를 갖되, 유연해지는 것도 잊지 마세요."

흑 리더의 인사이트2) 리더는 본질(고객)에서 생각해야 한다.

애플을 위협하는 경쟁사는 삼성전자일까 아니면 구글일까? 그도 아니면 넷플릭스일까? '경쟁자 중심'이 아니라 '고객을 중심'으로 하면 누구나 답을 할 수 있는 이 간단한 정답. 업계의 과잉 마진과 불필요 공정, 불투명 비용을 자동화와 디지털화로 제거하며 그 절감분을 가격 인하나 배송, 반품 편의, 신뢰 확보에 재투자한다는 제프 베조스의 마인드를 살펴보자. 어디까지나 흑 리더십의 관점이지만, 그에게 회사를 성장시키는 본질은 수평적인 문화가 아니라 철저한 고객 중심의 일하는 방식, 워킹 백워드WORKING BACKWARDS였다.

잭 웰치와의 대화

Q 웰치 씨, 승리에 집착하는 리더십에 대한 비판이 있습니다.
웰치 비즈니스는 게임이고, 그 게임에서 이기는 것만큼 짜릿한 일은 없습니다. 단, 정당한 방법이어야죠.

Q 조직 문화를 혁신한 '즉각적 피드백'에 대해
웰치 나는 솔직함candor을 중시합니다. 아픈 말도 즉시 해야 발전이 빠르죠. 감정을 숨기면 신뢰가 무너집니다. 너무 생각만 깊으면 실행이 느려집니다

> **Q 인재관리에 있어 가장 중요한 기준은?**
> **웰치** 톱 퍼포머를 잃는 건 조직의 죄입니다. 뛰어난 인재를 지지하고, 기준에 미달하는 관리자는 바로잡아야 합니다

흑 리더의 인사이트3) 자원의 선택과 집중이 필요하다

잭 웰치에게 리더십은 구호가 아니라 선택과 집중의 결과이다. 명확한 승부 지표를 세우고, 이길 수 없는 사업과 프로젝트는 즉시 접고 자원을 재배치하며, 회의는 정보공유가 아니라 결정과 책임자와 기한 확정으로 끝내야 한다. 솔직함은 불편함을 감수하는 기술이자 속도의 엔진이므로, 관리자에게 사실과 행동 중심의 피드백을 제공하도록 의무화하고, 평가와 보상은 차이를 과감히 벌려 고성과자에게 과제와 권한, 보상을 집중해야 한다.

빌 게이츠와의 대화

Q 게이츠 씨, 세계에서 가장 성공한 IT기업의 비결을 꼽는다면?
게이츠 대부분의 경쟁사는 1개 제품에만 매달리다 쇠퇴했습니다. 우리는 항상 다음 세대를 준비했고, 효율성을 고민했습니다.

Q 기업 경영에서 지속적으로 강조하는 점은?

> ***게이츠*** 가장 불만 많은 고객이 나의 최고의 교사입니다. '성공은 형편없는 스승'이죠. 실패에서 얻는 교훈이 가장 큽니다.
>
> **Q: 개인적으로 성찰하는 습관이 있으신가요?**
> ***게이츠*** 절제와 인내가 핵심입니다. 나는 매일 새로운 것을 배우고, 세상을 더 좋게 만드는 방법을 고민합니다.

흑 리더의 인사이트4) 미래에 대한 투자는 필수다

흑 리더십의 대표적인 오해는, 미래에 대한 투자나 인재 육성에 큰 신경을 쓰지 않는다는 점이다. 하지만 성숙한 흑 리더십은 다르다. 빌 게이츠는 과거 1가지 제품만 고집하다 실패한 코닥과 같은 기업처럼, 특정한 성공 제품에 대한 집착을 버리고, 다음 세대를 위한 효율성과 학습 시스템을 제도화하라는 요구. 그리고 불만(내용, 반품, 불만율) 지표를 직접 리뷰하고 해결 속도를 성과의 중심축에 두는 경영 활동을 주도했다. 또한 절제와 인내를 리더의 일일 습관으로 제도화해 배움과 혁신의 루프를 끊기지 않게 유지했다.

> ### 일론 머스크와의 대화
>
> **Q 머스크 씨, 격렬한 근무 환경과 혁신을 동시에 이룬 비결은?**
> **머스크** 내가 바라는 제품이 완벽에 가까워질 때까지, 직접 현장을 누비며 밤낮없이 고민합니다. '고객과 가까울수록 답이 보입니다.'
>
> **Q 무엇이 리더에게 가장 필요한 자질이라 보나요?**
> **머스크** 불가능해 보여도 밀어붙이는 집념, 그리고 아주 작은 불만도 놓치지 않고 피드백을 구하는 자세입니다. 정부 규제가 도움 될 때도 있지만, 때로는 그냥 비켜주는 게 최고죠.

흑 리더의 인사이트5) 직접 챙기지 않으면 리더가 아니다

뒷 부분에서도 나오지만, 엘론 머스크는 흑 리더십의 큰 특징 중 하나인 솔선수범의 대표 주자이다. 그는 잔인할 정도로 책상이 아니라 현장, 완벽에 가까운 집착과 불가능흔 목표를 강행한다. CEO가 직접 생산과 서비스의 고객 접점에 상주하며, 단일 오너 체계로 문제당 한 명에게 권한과 책임을 몰아주되, 불필요한 보고나 승인 단계를 전면 삭제하고, 규제는 법과 안전 기준을 철저히 준수하되 선제적으로 협의한다.

백 리더십 : 공감과 임파워먼트로 혁신을 이끌다

팀 쿡, 사티아 나델라, 밥 아이거

하지만 오늘날 기업 현장에서는 더 이상 한 명의 영웅이 모든 답을 내리는 방식만으로는 지속 가능한 성장을 담보할 수 없다. 빠른 변화와 복잡성이 공존하는 시대, 사람과 집단의 '역량'을 극대화하는 백 리더십. 즉, 임파워먼트·공감·수평적 소통 기반의 리더십 유형들이 글로벌 스탠더드로 자리 잡고 있다.

백 리더십의 주요 특징은 다음과 같다. 우선 리더가 결정권을 위임하고, 각자가 능동적으로 참여할 수 있는 환경을 구축한다. 또한 수평적·양방향 커뮤니케이션을 통해 구성원들에게 중요 정보를 개방적으로 공유하며, 다양한 의견을 존중한다. 또한 리더에게 성공과 실패 경험 모두가 소중함을 인정하고, 심리적으로 안전한 문화를 조성한다. 이 밖에도 집단지성과 다양성의 중시, 지속가능성과 공익성을 중시하는 특징이 존재한다.

흑 리더십의 대표가 전 Apple CEO 스티브 잡스라면, 백 리더십에는 현 Apple CEO 팀 쿡이 존재한다. 팀 쿡은 스티브 잡스의 카리스마와 달리, 직원의 잠재력을 이끌어내는 '서번트 리더십'의 실천자이다. 그(그녀)는 "성과만큼 직원의 복지와 다양성, 사회적 책임이 중요하다"는 점을 강조하며, 누구나 자신의 목소리를 편하게 낼 수 있는 조직 문화를 이끌고 있다.

이 같은 열린 리더십은 애플의 지속적 혁신과 신뢰의 바탕이 되었다. 마이크로소프트 CEO 사티아 나델라 역시 경청과 공감을 리더십의 핵심 역량으로 삼았다. 내부적으로 지식독점 문화를 "러닝Learn-it-all 문화"로 개혁하며, 클라우드와 AI 등 신사업에 직원 의견을 과감히 반영했다. 그 결과 MS는 시대에 뒤떨어진 공룡기업에서 혁신기업의 상징으로 화려하게 부활했다.

스타벅스 명예회장이자 전 CEO인 하워드 슐츠 역시 대표적인 백 리더십의 상징이다. 슐츠는 '나의 진짜 고객은 직원barista들'이라는 신념으로, 파트타이머까지 의료보험·주식 옵션 제공 등 '직원 중심' 정책을 도입했다. 직원 행복이 곧 매장경험·고객만족으로 이어진다는 믿음은 스타벅스를 글로벌 문화 브랜드로 만들었다.

위기 때마다 직접 매장을 돌며 "직원의 이야기를 들어주는 것"을 리더의 최우선 가치로 삼았다. GM 최초의 여성 CEO이자, 위기관리의 교과서로 꼽히는 메리 바라 역시 수평적 의사소통과 경청 뿐만 아니라 투명한 위기 대응(자동차 리콜 당시 사과 및 구조 대대적 혁신)으로 잘 알려져 있다. 그녀는 "직원이 마음껏 말할 수 있는 심리적 안전지대"를 만들어 위기를 도약의 계기로 전환시켰다.

디즈니의 CEO 밥 아이거는 협업과 임파워먼트의 힘으로 디즈니를 '창조적 생태계'로 만들었다. 픽사·마블·루카스필름 등 인수 이후, 해당 스튜디오의 자율성과 창의력을 100% 보장했으며, 아이거의 '자율 속 통합', '개방 속 혁신'은 그의 리더십의 전형으로 평가받는다.

넷플릭스 창업자이자 전 CEO인 리드 헤이스팅스 역시 직원을 "자율적 성인"으로 신뢰하며, 넷플릭스의 핵심 원칙을 '자유와 책임'으로 정의했다. 성과를 내면 출퇴근 시간·휴가 등 일체 스스로 결정하게 했고, 실패를 벌하지 않는 문화로 창의성 극대화를 꾀했다. 강한 자기동기와 협업문화로 넷플릭스의 초고속 성장을 이끌었다.

백 리더십 CEO 역시 실제 어록을 참고하여 아래와 같이 인터뷰를 구성해 보았다.

팀 쿡과의 대화

Q 잡스 이후, 애플 문화에 가장 크게 바꾼 점은?
쿡 모든 목소리가 존중받을 때 진짜 강팀이 만들어집니다. 다양성, 포용, 그리고 직원의 웰빙이 경쟁력입니다. 나 혼자서 모든 답을 가질 수는 없으니까요.

백 리더의 인사이트1) 강함은 다양성에서 비롯된다

같은 기업임에도, 선대 CEO였던 스티브 잡스의 흑 리더십과는 완전히 대조적인 모습을 보여주는 팀 쿡. 그의 백 리더십은 모든 목소리가 실제 의사결정에 반영되도록 하고, 다양성과 포용, 웰빙을 성과의 가속기로 설계해 강팀을 만드는 것이다. 심리적 안전을 위한 규칙(말 끊지 않기, 아이디어 비난 금지)이나, 경영진의 정기적인 경청 루프(월간 타운홀, 현장 라운드테이블 등) 등은 대표적인 리더십 행동들이다.

사티아 나델라와의 대화

Q MS를 '학습' 조직으로 바꾸면서 가장 중시한 점은?
나델라 경청입니다. 조직 내 다양한 소리가 존중되는 곳에서 진짜 혁신이 일어난다고 믿습니다. 실패도 성장의 일부로 받아들이는 문화가 중요합니다.

하워드 슐츠와의 대화

Q 스타벅스의 핵심 리더십 철학은?
슐츠 먼저 직원(파트너)들의 이야기를 진심으로 들어야 한다고 믿습니다. 함께할 때 우리가 강해지고, 직원의 성장이 회사의 성장으로 이어집니다."

백 리더의 인사이트2) 리더십은 경청에서 비롯된다

앞선 애플과 같이, 나델라의 리더십 역시 빌게이츠와는 다르다. 나델라의 백 리더십 핵심은 경청을 통해 실패를 학습으로 전환하는 시스템을 깔아 조직을 'know-it-all'이 아닌 learn-it-all로 바꾸는 것이다. 여기서 경청의 대상은 단순히 조직 구성원 뿐만 아니라 고객도 포함된다. VOC의 경청→실험→사후검토→표준화의 루프를 끊기지 않게 돌아가게 만드는 것이 나델라와 같은 IT 기업의 백 리더십의 모습이다.

슐츠 역시 나델라의 리더십 처럼 직원을 비용이 아닌 파트너로 대하며, 경청을 통해 직원 성장·고객 경험·사업 성과를 한 루프로 묶는 운영 설계다.

메리 바라와의 대화

Q 위기 상황에서 당신이 택한 리더십 방식은?

바라 모든 직원들이 느끼는 불안과 두려움을 직접 듣고, 잘못한 부분은 투명하게 인정하며 변화의 방향을 명확히 제시하는 것이 저의 리더십입니다.

백 리더의 인사이트3) 투명성도 최고의 리더십 역량 중 하나이다

메리 바라의 백 리더십은 위기에서 공포를 먼저 듣고, 잘못은 즉시 인정하며, 모두가 따라갈 수 있는 명확한 방향을 제시하는 경청과 투명성이 생명이다. 메리 바라에게는 취임 직후 촉발된 GM 점화 스위치 결함 사태라는 대형 위기가 있었고, 신속한 공개와 전면 리콜, 외부조사와 피해 보상과 함께 안전 중심의 조직 재설계를 통해 수습했다. 단기적으로 대규모 비용을 감수했지만, 장기적인 신뢰 회복과 품질, 그리고 안전 역량 강화를 통해 재도약의 기반을 마련할 수 있었으며 무엇보다 조직 문제 제기를 장려하는 조직문화를 구축한 것이 메리 바라의 가장 큰 성과였다.

밥 아이거와의 대화

Q 여러 회사를 합병하면서도 창의성을 지키는 비결은?
아이거 최고의 창의력은 자율성에서 옵니다. 각 조직이 자율적으로 움직일 때 새로운 이야기가 시작됩니다. 믿고 권한을 넘기는 게 리더의 역할입니다.

백 리더의 인사이트4) 리더십은 자율성을 남겨두어야 한다

밥 아이거의 백 리더십은 "전략은 중앙, 창의는 현장"으로 번역할 수 있다. 크리에이티브 조직에 대부분의 권한을 주고, 본사는 소수의 가드레일(브랜드 무결성, 투자 한도, 출시 창구)만 관리하는 방식이다. 담당자에게 책임과 권한을 집중시키고, 경영진은 "왜"만 정의할 뿐, "어떻게"는 간섭하지 않는다. 또한 분기 리뷰도 질문이나 리소스 지원에 집중한다.

> ### 리드 헤이스팅스와의 대화
>
> Q 넷플릭스를 가장 잘 표현하는 한마디는?
> 헤이스팅스 '자유와 책임'. 누구도 쫓기듯 일하길 원치 않습니다. 신뢰와 자율 속에서 실패를 두려워하지 않아야 진짜 혁신이 나옵니다.

백 리더의 인사이트5) 자율성은 능력과 전문성에 기반한다

백 리더십에는 치명적인 한 가지 오해가 존재하는데, 바로 무책임한 자율성도 용납된다는 일부의 주장이며, 이는 전혀 사실이 아니다. 실제로 자유도가 높으면서 동시에 성장하는 조직들의 평균 근속은 2년이 채 안된다. 리드 헤이스팅스의 백 리더십 역시 마찬가지이며, 어디까지나 최고의 전문성에 기반한 구성원의 자유와 책임을 구호가 아니라 운영 규칙으로 넣어버렸다. 우수인재의 밀도를 최우선으로 두어 채용 기준을 대폭 상향하고, 평균 정도 성과자에게는 넉넉한 퇴직 보상으로 팀의 수준을 지키며, 최고 인재에겐 시장 상위 보상과 자율을 준다. 리더는 지시 대신 맥락(전략·우선순위 등)을 제공하고, 의사결정은 캡틴 한 명이 다양한 의견을 듣고 최종 책임을 진다.

백 리더십은 기하급수적으로 변하는 시대에 새로운 성장의 해법을 제시한다. 열린 리더십, 임파워먼트, 공감의 힘은 구성원들의 창의성과 주도성, 그리고 믿음의 문화를 이끌어내 조직 전체가 스스로 변화하는 유기체로 진화하도록 돕는다. 그러나, '절대적 합의'만을 추구해 속도와 결단력이 약화되거나, 책임소재가 모호해지는 단점도 함께 인지할 필요가 있다.

이처럼 흑 리더십과 백 리더십은 각기 명확한 강점과 한계를 지닌다. 하지만 성공한 CEO들의 사례가 시사하듯, 리더십 스타일의 우열이나 절대적인 정답은 없다. "강한 통제와 추진력"이 위기의 시대에는 결정적 성공 요인이 되기도 하고, 시대 변화와 조직 혁신 과정에서는 "공감과 임파워먼트"가 새 비전의 동력이 되기도 한다.

리더십의 방향성을 결정짓는 것은 결국 해당 조직이 처한 외부 환경, 사업의 성장 단계, 조직의 고유한 특성과 구성원들의 문화와 가치관이다. 급변하는 시장, 급진적 기술혁신, 불확실성이 극심한 위기국면에서는 때로 '흑 리더십'의 결단과 집중력이 조직을 구원할 수 있다. 반대로, 창의성 극대화·지속성장·조직의 건강성이 요구되는 시대에는 '백 리더십'의 참여, 소통, 임파워먼트가 핵심 동력이 되기도 한다.

가장 중요한 교훈은, 현명한 리더는 흑과 백 어느 한쪽만을 맹목적으로 고수하지 않는다는 점이다. 조직의 정체성, 환경적 변수, 상황에 따라 두 가지 방식의 장점을 유연하게 조합해 사용하는 균형감각이 무엇보다 요구된다. 리더십의 본질은 자기 철학을 넘어서, 조직의 목표 달성과 조직문화를 완성하기 위해서는 전체 맥락을 인식하고, 이에 공감할 수 있는 능력이 필요하다는 사실을 반드시 기억해야 할 것이다.

흑 리더십:
카리스마, 지위, 롤모델

리더 스스로 주도하고, 구성원들을 통제하며, 결과 중심으로 리더십을 발휘하는 흑(黑)리더십은 신속한 의사결정과 일사분란한 조직력을 바탕으로 성장해왔던 한국기업 리더들의 주류이었음을 부인할 수 없다. 또한, 최근에도 대부분의 기업에서 구성원들에 대한 존중에 바탕을 둔 백리더십을 다양한 교육과 코칭을 통해 바람직한 모델로 권장하지만 실제로는 여전히 흑리더십을 보유한 리더들을 요직에 중용하는 사례를 많이 보았을 것이다.

이번 장에서는 흑 리더십의 특성과 핵심요소에 대해 살펴보고자 한다. 왜 흑 리더들은 카리스마를 가지려 하고, 또 그럴만한 지위에 오르려고 하는지. 동시에 스스로가 롤 모델이자 사령관으로서 나홀로 진두지휘를 하고자 하는지. 실제 사례를 통해 보다 자세히 살펴보고자 한다.

조직개편 업무를 맡은 인사팀 김차장의 사례

매년 연말이 되면 조직은 한 해의 실적을 리뷰하고 그 결과로 나온 개선점을 찾아 새로운 전략을 수립한다. 그리고 조직의 전략이 세팅이 되면 이를 수행할 수 있는 조직 리빌딩을 통해 인적구조를 재편하게 된다. 조직개편은 회사에서 매년 일어나는 일이지만 그 과정은 쉽지 않다. 특히 기존 조직을 폐지하고 새로운 조직구조로 바꾸는 대규모 개편의 경우에는 더욱 그러하다. 올해도 인사팀 김차장과 서과장은 함께 조직개편 관련 업무를 시작했다.

"다 아는 얘기지만 조직개편 업무는 효율적인 조직체계를 만드는 목적이 있지만 그 과정에서 불필요한 정보나 소문이 외부로 나가서는 안 됩니다. 김차장과 서과장은 무엇보다도 정보보안에 신경 써 주시고 조직간 커뮤니케이션은 반드시 나와 협의한 후 진행해 주세요"

조직개편 진행시에 늘 듣는 얘기지만 일을 하는 김차장도 업무에 대한 정보보안이 걱정이다. 구성원들도 경영회의나 실적회의 등을 통해 우리가 하는 일을 어느정도 알다보니 이런저런 경로로 김차장에게 묻는 경우가 많다.

'이번에 영업과 마케팅 조직이 합쳐진다는 소문이 있는데 사실이야?' '기획실 박상무님이 이동한다는 얘기가 있던데 어때?' '우리 팀장 좀 다른데로 갔으면 좋겠다. 일하기가 너무 어려워..'

대부분은 근거 없는 소문에 기인한 얘기들이지만 사람을 거치며 마치 사실처럼 인식되는 경우도 많이 있다. 이럴 때마다 나도 아는 선에서 속 시원히 얘기해 주고 싶지만 공식적인 업무를 진행하는 사람의 불필요한 언행이 또 다른 나쁜 영향을 줄 수 있다고 생각되어 나는 늘 똑같은 말로 그냥 지나친다.

"그런 소문이 있어요? 그런데 저도 잘 몰라요…"

이번 개편에선 신사업 2사업부가 이슈의 중심이다. 지난해 새로운 사업을 진행했지만 상반기부터 성과가 미미했고 하반기 들어서는 큰 적자가 나서 회사에 큰 부담을 줬다. 상황이 이렇다 보니 해당 구성원들도 의기소침해 있고 이번 개편에서 조직이 없어질 수도 있다는 불안감에 일손을 놓고 있는 상황이다.

"팀장님! 신사업 2사업부는 금번 경영전략인 '손익 중심 경영강화'라는 취지를 비추어 봤을 때도 대규모 조정이 불가피할 것 같은데 내부인원 재배치(안)을 만들어 볼까요?"

팀장님께 의견을 물어봤는데 팀장님은 이부분에 대해 의견을 주지 않는다.

"그 부분은 경영진도 인지하고 있으니 우리는 먼저 다른 부분 개편부터 진행합시다."

팀장님은 뭔가 알고 있는 것 같은 눈치지만 실무자인 우리에게조차 아무런 얘기가 없었다.

"구성원들도 벌써 1달째 다들 손 놓고 있는 상황인데 조치가 필요하지 않을까요? 조직문화적으로도 이슈가 있을 것 같아 걱정입니다"
"나도 알고 있어요. 일단 그 외 작업부터 마무리하고 보고준비 해줘요"

벌써 3년째 같이 일하고 있는 팀장님이지만 올해는 유독 이상하다. 그래도 업무를 담당하고 있는 주무 담당자에게 까지 무언가 감추고 있다는 생각을 하니 기분이 좋지 않다. 그리고 개편 발표 2일전 갑자기 팀장님이 김차장과 서과장을 불러 개편관련 얘기를 하기 시작했다.

"이번에 신사업 2사업부는 개편과 함께 전체 조직을 외부 자회사로 이관시키기로 했어요. 내가 여러분께는 미리 얘기를 해줬어야 하는데 경영진도 의사결정을 확실히 하지 않은 상황이고 정보가 누설될 경우 회사 주가나 조직 운영에도 불필요한 바이럴이 생길 것 같아 얘기를 못했어요. 그 부분에 대해선 미안하고 일단 시간이 없으니 개편 보고서부터 수정합시다."

김차장은 그간 가지고 있던 의구심이 풀려 속 시원하기도 했지만, 팀장이 같은 부서원에게도 신뢰가 없는 것 같다고 생각을 하니 섭섭한 마음도 있었다. 그러면서도 전체 업무를 봤을 때 팀장님을 어느정도 이해하는 마음도 있다. 리더십에 대해 공부하고 팀 조직

운영에 대해 늘 관심이 많았지만, 회사의 중요정보와 의사결정 관련한 일을 하면서 과연 리더로서 가져야 할 바람직한 자세와 마인드가 항상 교과서적 일 수 있을까에 대해 다시 생각하게 되었다.

만약 위 사례에서 진행 중인 상황에 대한 정보를 투명하게 공개한다면 어떻게 되었을까? 물론 여러가지 뜬 소문들로 인해 구성원들이 가지는 불안감은 해소될 것이다. 그러나 조직개편이라는 중대한 인사 사안에 대한 정보를 사전에 공개하게 될 경우, 합리적인 의사결정에 개입하는 특정 이해관계자의 부당한 개입(로비, 압력)이 발생해 공정성을 침해당할 우려가 있다.

또한 확정 전 정보가 퍼지면 업무 혼란과 사기저하, 특히 저성과 부서의 업무가 마비되는 큰 혼란이 발생한다. 무엇보다 이와 같은 정보가 외부로 유출될 경우 주가 변동, 거래처나 고객 이탈 등 실질적 피해까지도 발생할 수 있는 부분이다.

이와 같은 이유로 흑 리더십은 권한과 정보가 리더에게 집중되어 있고, 독점적으로 의사결정을 해야 하는 합리적 이유가 존재한다. 그리고 이에 파생하여 자연스럽게 정보를 독점하는 리더는 카리스마를 필요로 한다. 정보의 비대칭과 불확실한 상황 속에서 여러 불만 요소를 사전에 제한하고, 구성원들의 주의와 에너지를 한데 묶어주는 심리적 결속과 정당성의 원천을 바로 리더의 카리스마가 이끌기 때문이다. 그렇기에 흑 리더들 중 제한된 정보를 취급하는 부서,

업무일수록 카리스마형 리더십을 발휘하는 리더들이 많으며, 그리고 이들은 조직에 더 큰 영향력을 발휘하고 존재감을 드러내기 위해 최선을 다하고 있다.

이와 같은 카리스마형 리더십은 또한 신속한 의사결정이나 긴급한 이슈에 대한 즉각적인 대응이 필요한 사업 또는 조직에서는 그 효과성이 강력히 발휘할 수도 있다. 반면에 구성원들 입장에서는 조직의 주체이기보다는 하나의 부속품처럼 느껴질 수 있고, 특히 다양한 구성원의 전문성의 활용이나 의견이 사장될 수 있다는 점에서 바람직한 의사결정구조인지에 대한 논란이 있을 수 있다. 또한, 리더가 권한만 행사하고 책임을 회피하는 경우 구성원들의 불만과 이탈을 야기하여 조직력이 와해될 수 있다는 점은 항상 유념해야 한다.

IT 시스템 프로젝트의 일원인 B의 사례

회사원 B는 사내 IT시스템 프로젝트 일원으로 업무를 수행하게 되었다. 10여년 넘게 회사생활을 하면서 내부 프로세스 개편이나 업무보고를 위한 TF활동은 해봤지만 1년 넘는 프로젝트에 소속되어 일한 적은 없어 긴장도 되고 부담도 많이 느낀다. 이번 프로젝트는 회사 전체 IT 시스템을 개선하는 프로젝트로 예상 기간만 14개월이고 예산도 100억이 넘는 규모로 회사에선 미래 인프라를 구축한다는 중대한 목표로 기획된 프로젝트다.

B는 프로젝트 전체 일정과 예산을 관리하는 BPO^{Business Process}

Office 일원으로 참여하게 되었다. 프로젝트 구성을 보면 전체 프로젝트를 리딩하는 총괄PM이 있고 그 밑에 설계와 개발을 담당하는 PM, 그리고 시스템을 설계하고 개발을 구현하는 PL과 개발인력들, 총인원만 해도 80명 가까이 됐다.프로젝트 초기, 시스템을 사용하는 사용자로 부터 요구사항들을 정리하고 새로운 니즈를 발굴하는 업무를 진행했다. 요구사항이 잘 정리되어야 좋은 시스템 설계가 가능한 만큼 우리는 최대한 눈과 귀를 열고 의견을 받아들이기 위해 노력했다.

그러나 현업의 업무요구는 상상 외로 많아졌다. 한 모듈의 요청사항이 마무리되나 싶으면 다른 모듈의 요청이 들어오고 또 한가지 요청이 마무리되면 또 다른 요청이 들어오고… 현업 담당자들의 요청사항이라 모두 수용하려고 했지만 이러다 보니 전체일정 연기를 고민해야 하는 상황까지 벌어졌다. 이러한 프로젝트 상황이 BPO(담당하는 프로세스와 운영을 담당하는 직책)에게 전해졌고 우리는 총괄 PM에게 상황을 보고했다. 총괄 PM은 여러가지 상황을 우리에게 묻고 고민한 끝에 전체 프로젝트 구성원들을 모아 얘기했다.

"총괄PM으로 업무지시를 하고자 합니다. 이번주까지 요구사항을 마무리하고 다음주부터 설계작업을 진행합니다. 각 모듈별로 상황이 다를 수 있지만 더이상 일정 차질이 생기면 전체 프로젝트 일정이 무너집니다. 제 지시대로 진행해 주세요"

각 모듈별 담당자들은 다소 일방적인 총괄 PM의 지시에 납득할 수 없다는 눈치였다. 일부 담당자들은 개별적으로 현 상황을 어필하며 설득을 했지만 총괄PM은 확고한 의지를 가지고 밀어붙였다.

'이러다간 현업에서 원망은 우리가 다 먹는데 이상황을 알고 계시기는 한거야'

다들 불만이 많았지만 총괄PM의 의지가 컸기에 현업을 달래고 설득하며 업무를 진행했다. 이후 단계부터 총괄PM의 일정 준수에 대한 압박은 점점 강해졌다. 일정준수에 대한 요구가 강해지면서 야근도 많아지고 구성원들의 피로도가 쌓여갔다. 또한 상명하복의 리더십에 대한 불만도 텨져 나오기 시작했다. 이에 설계을 담당하던 PM이 총괄PM에게 구성원을 대표하여 이견을 제시했다.

"총괄PM님이 일정준수를 얘기하시는 것도 이해는 되지만 너무 일정만 강조하시다 보니 이러다 시스템 완성도도 낮아지는 것 같고 구성원 피로도도 많아져 걱정입니다. 일부 조정해 주시는게 어떨까요?"

이에 총괄 PM이 말했다.

"저도 프로젝트 업무 경험자로 우려하시는 부분에 대해 알고 있습니다. 그러나 일정이 연기되면 이는 전체 비용에 영향을 주시는건 다 알고 계실겁니다. 전체 프로젝트 규모가 워낙 크다보니 1개월의 일정만 연기되어도 비용은 10% 이상 증가하게 됩니다. 현업 요구사항에 대한 문제는 제가 부서장들과 지속적으로 협의하여 이해를 구한 상황입니다. 문제는 우리 설계인력들의 피로도인데 이는 개발이 시작되면 일부 조정하여 해결하도록 하겠습니다. 전체 프로젝트에 대해선 저를 믿고 따라와 주세요"

총괄 PM의 단호하고 강한 설명에 일단은 모두가 이해하는 분위기다. 이후 시간이 가장 많이 소요되는 개발단계에서도 여러차례 우여곡절이 있었지만 총괄 PM은 강한 리더십을 바탕으로 전체 프로젝트를 이끌어갔다. 그리고 어느덧 12개월이 흘러 프로젝트는 전체 통합 테스트를 성공적으로 마치고 우리는 새로운 시스템의 베타버전 오픈 진행을 앞두게 되었다. 장기간 프로젝트로 몸과 마음은 너무 힘들지만 테스트 결과 현업 만족도 기대 이상이었고 프로젝트 공기도 1개월이상 단축하여 경영진의 만족도도 매우 높았다.

장기 프로젝트에 참여하면서 처음에는 고민도 많았고 진행하면서 여러가지 어려운 일들이 있었지만 결국 큰 일 하나를 해냈다는 데에 대해 전체 구성원들과 함께 내 스스로도 자부심이 생겼다. 그리고 생각했다.

'만약 총괄 PM의 강한 리더십이 없었으면 과연 우리 프로젝트는 지금쯤 어땠을까?'

위 사례에서 구성원과 PM의 간곡한 의견개진에도 불구하고, 총괄 PM은 정해진 일정 내에 완수하기 위해 자신의 신념을 밀어붙였다. 이를 위해 구성원의 개별적인 니즈에 대응하지 않고, 대신 자신이 가진 지위(총괄)를 통해 리더십을 발휘했다. 여기서 흑 리더는 두

번째 특징이 드러난다. 흑 리더는 합의된 일정, 정해진 기준과 규율을 중시하며 조직 내 서열과 직위 중심의 역할 분담을 통해 철저한 상명하복 업무구조의 효율성을 믿고 있다. 상명하복Top-Down 구조의 장점은 위와 같이 제한된 일정 내에 신속한 의사결정과 일사불란한 실행뿐만 아니라 위기 대응 능력, 책임소재 명확화에 있다.

최근 많은 기업이나 조직들이 급변하는 경영환경에 대응하고 구성원들의 전문성 활용을 극대화하기 위하여 유연하고 수평적인 직급제도나 조직으로 변화를 모색하는 방향성을 최우선적으로 검토하지만, 서로 다른 다양성과 피드백이 난무하는 복합적인 구조에서는 물론 창의력과 구성원의 자율성은 보장할 수 있으나, 자칫 위와 같은 시간 중요도가 높은 위기 대응, 단기간 성과를 보여야 하는 프로젝트에서는 크게 불리할 수 있다.

특히 외부 환경 변화에 대해서 개인이 아닌 중앙집중적 방식에서의 대응이 내부 혼선을 줄이고, 구성원들에게 보다 큰 안정감을 줄 수도 있다. 이와 같은 이유로 리더의 상명하복이라는 단어가 다소 구시대적이고 넌센스로 보여지지만, 영업이나 생산과 같이 일사분란한 조직력과 표준화된 기준 준수가 중요한 현장중심의 기능조직에는 여전히 효과적이며 조직에 따라서는 반드시 필요한 리더십 모델일 수도 있다.

단체급식사업을 하는 C社의 사례

C社는 기업이나 학교 등을 대상으로 한 단체급식을 주사업으로 운영하는 중견 기업이다. 동종 업계 중에 유연하고 현장 리더들에게 권한을 많이 위임하는 조직문화를 가진 회사로 알려져 있어 외부에서는 부러움의 눈길을 보내기도 하고, 관련 인력들이 입사하고 싶어하는 회사로 알려져 있다.

그러한 C社의 한 고객 학교에서 식중독 사고가 발생했다. 전교생 중 30%에 가까운 학생들이 중식 후에 복통을 호소하고 병원에 실려가는 초비상사태가 터진 것이다. 단체급식사업을 하는 회사에서 식중독 사고는 어떻게 대응하느냐에 따라 회사의 존폐를 결정할 정도의 위기라 할 수 있다. 해당 고객학교를 담당하는 사업부장, 영양사, 조리사 등 관련된 모든 현장 인력들은 이 상황에 어떻게 대처해야 할지 허둥대며 혼란에 빠졌다.

각 언론사와 방송사에서는 해당학교의 식중독 사고와 급식 제공회사가 A社라는 점에 대해 대서특필 중이다. 해당사고를 보고 받은 대표는 이 위기를 어떻게 돌파할 것인지 고민에 빠졌지만, 이내 이를 해결하기 위한 강력한 리더십을 발휘해야 한다는 책임감을 갖는다.

책임회피가 아닌 핵심 원인 분석과 실질적인 조치 등에 대한 신속한 의사결정과 강력한 실행을 통하여 최대한 빠른 시간 내에 수많은 고객들의 신뢰를 회복하는 것이 가장 중요하다는 점을 인식한다. 우선 대외 커뮤니케이션의 창구를 대표를 중심으로 한 전사 차원으로 일원화하도록 통제하고, 모든 책임이 회사에 있음을 대외적으로 솔직하게 천명하고 학생들과 학교 등 고객들에게 피해가 가지 않도록 모든 조치와 역할을 다할 것임을 약속한다.

회사 내부적으로도 사고가 난 해당 사업부에 책임을 돌리기보다는 모든 책임이 대표 본인에 있음을 커뮤니케이션하고 문제 해결과 고객의 신뢰회복에 전념해줄 것을 당부하는 메시지를 보내어 조직을 안정화하는 데 최선을 다한다. 대표의 신속한 결단을 바탕으로 한 책임 공감과 대내외 커뮤니케이션으로 인해 사건의 파장은 의외로 해결국면으로 빨리 들어설 수 있었다.

현장에서는 고객들의 안전을 고려한 식자재 공급 프로세스와 조리 환경 개선을 위한 전사 적인 혁신 작업이 진행되었다. 단기적으로는 회사의 재무적인 손실이 컸지만, 대표의 일관된 메시지와 지휘하에 모든 임직원들이 장기적으로 고객들의 안전 강화와 신뢰를 회복하기 위한 조치들에 몰두하였다.

이로 인하여 일시적으로 일부 고객의 유출과 추가적인 영업의 어려움을 겪었지만 중장기적 관점에서 내실을 다지는 계기가 되었고, 모든 임직원들은 과거보다 책임감 있고 신뢰로운 단체급식회사로서의 면모를 갖출 것이라는 자신감을 얻게 되었다. 대표는 이 경험을 토대로 전사 교육부서에 지시하여 위기발생시 리더십 발휘의 표본을 만들고, 롤모델로서 전파하고 전사의 모든 리더들이 체화할 수 있도록 하였다.

도요타 자동차 vs 삼성전자의 위기대응 사례

2009년 도요타는 가속 페달 결함으로 시작된 대규모 리콜사태에 대해 초기 대응이 더디고 무책임했다는 비판을 받았다. 경영진은 미국 하원 청문회에 증인으로 출석해 의혹에 답했고, 도요타는 1,240만 대에 달하는 차량에 대한 리콜을 진행했다. 이 사건은 도요타 품질 신뢰도에 큰 타격을 주었으며, 원가 절감을 위한 무리한 원가 절감이 원인으로 분석되고 있다.

한편 2016년 삼성전자의 갤럭시 휴대폰 발화사태 대응 등 전사적인 대형 위기 상황에서 일방향적이지만 강력한 리더십 발휘를 통하여 해결을 주도했던 사례들이 있다. 책임회피가 아닌 스스로 롤 모델이 되어 핵심문제에 대한 인식과 신속한 의사결정을 바탕으로 한 해결을 주도하는 리더십은 큰 위기 상황에서 빛을 발하는 경우들이 많았다. 제품은 전면 리콜되고, 이후 제품에서도 일부 발화사고가 발생해 제품이 단종되기는 했지만, 제품보다 더 소중한 소비자 신뢰는 지켜낼 수 있었다.

해당 사례는 흑 리더십 사례 중에서도 가장 바람직하고, 어려운 행동을 보여주고 있다. 품질 사고에 대한 책임을 묻기보다 당장 조직 전체의 위기를 극복하기 위해 CEO 스스로가 롤 모델이 되고, 합당한 권위를 올바르게 행사했다. 이러한 선량한 롤모델의 행동에서 일방향적인 커뮤니케이션은 결코 비난받지 않는다. 되려 이러한 모습은 백 리더십에서 찾아보기 어렵다.

백 리더십에서 권한과 책임은 구성원에게 부여했기 때문에, 되려 이런 문제가 발생했을 시에는 그 책임을 해당 당사자에게 물을 수 있기 때문이다. 평시에는 다양한 구성원들의 의견과 행태를 부정적으로 인식하는 경향이 강하고, 리더 본인 스스로가 최선이라는 강한 믿음이 존재하지만, 이렇게 리더 스스로가 롤모델이 되어 구성원들이 모두 따르기를 기대하는 것도 얼마든지 멋진 리더십의 일환이라 볼 수 있다.

앞서 세 가지 사례를 통해 살펴본 바와 같이 '흑 리더십'은 그것의 핵심요소로 카리스마형 리더십의 발휘, 조직 내 지위, 규율 중심의 조직 운영, 스스로 롤모델로서 과시를 통한 권위 행사 등의 행위적 특징을 가지고 있다. 또한 '흑 리더십'은 빠른 의사결정이 필요하고, 단기 성과가 중요하며, 조직 내 일사분란한 위계가 중시되는 사업이나 조직에는 강력한 유효성을 발휘할 수 있을 것이다. 또한 만약 위기상황을 탈피해야 하는 상황에 처해 있거나 초기 경험이 없는 조직에서도 효과적일 수 있다.

특히나 한국 기업들은 선진기업들과 비교하여 중요한 몇 가지 차이점을 가지고 있다.

첫째, 유교 중심의 위계적이고 가부장적인 문화의 기반을 가지고 있다.
둘째, 이사회 중심이 아닌 그룹 오너 중심의 독특한 의사결정 구조를 가지고 있다.
셋째, 중장기적 성과보다 단기적인 성과에 집착하는 경향이 있다.

이러한 이유로 위계를 중시하고, 상명하복 의사결정구조의 권위적 특성을 가진 '흑 리더십'을 가진 리더들이 중용되어 왔던 가장 중요한 이유라 감히 말할 수 있다.

다만 '흑 리더십'은 일반적으로 구성원의 자율성과 창의성이 억제되어 구성원들의 불만이나 이탈을 야기하는 등 조직 관리상의 문제가 발생할 여지가 크고, 리더 의존도가 심화되어 조직역량 개발이 어려워져 중장기 성과를 지향하는 데에는 부적합할 수 있다. 조직비전의 공유, 핵심가치의 실천, 변화 선도, 구성원 역량개발이라는 근본적인 리더의 역할 수행 관점에서, 그리고 '집단관리'에서 '개별관리'가 중요해지고 있는 인사관리 측면에서도 '흑黑리더십'의 진화는 분명 필요해보인다. 이처럼 구성원의 전문성과 다양성의 존중이 중요해지고 있는 AI시대에 '흑黑리더십'은 여전히 유효한 것인가에 대한 의문은 지속적으로 커지고 있다.

백 리더십:
전문성, 친근감, 촉진자

25여년간 회사생활을 해 오면서 수많은 리더십관련 교육을 받아 봤고, 학습한 리더십을 바탕으로 후배사원들에게 교육을 진행했었다. 이전 선배들이 배운 리더십에 대해서는 자세히 알 수는 없지만 회사생활 초기, 내가 경험한 리더들을 생각해 보면 전문성보다는 경험과 직관, 부하직원의 의견보다는 상사의 지시가 주도하는 권위적이고 통제 중심적인 리더십이었다.

그래서인지 내가 입사해서 배우고 교육해온 리더십은 이러한 선배들의 리더십과는 정 반대되는, 구성원을 존중하고 상하간 적극적인 의사소통을 통해 조직구성원 모두의 참여를 이끌어내는 리더십, 다시 말해 유연하고 수평적인 리더십이 조직에 필요하다는 내용이었으며 이러한 방향은 단 한번도 변한적이 없었던 것 같다. 이러한 수평적 리더십과 맥을 같이하는 백리더십의 핵심요소를 사례와 함께 살펴보면 다음과 같다.

그룹 신입채용팀의 리더 A의 사례

회사 신입사원 채용 업무는 보통 1년에 1번 혹은 2번 진행이 되는 업무로 호흡도 길고 많은 인력이 필요하다. 각 회사별로 우수한 신입인재를 선발하는 일은 회사의 미래 성장을 위한 필수적인 업무로 인식되어 회사간 경쟁도 심하고 많은 비용도 든다. 채용 업무라고 하면 일반적으로 채용 프로세스를 생각하기 쉽지만 신입사원 채용에 있어 중요한 것은 선발기준 못지 않게 회사의 브랜드를 소개하고 성장비전을 제시하는 채용 마케팅 과정이 매우 중요하다.

'과연 대학을 졸업한 젊은 인재들이 회사 선택시 중요하게 생각하는 가치나 이유는 무엇일까? '

시대가 빠르게 변화하고 세대간의 생각하는 바가 다르다 보니 젊은 세대에게 소구할 수 있는 포인트를 잡는 일은 채용 업무를 담당하는 우리에게 늘 고민이 되는 업무이다. 그래서 이러한 문제를 해결하기 위해 이번에는 기존 채용 담당자가 아닌 업무능력이 우수하고 입사한 지 2~3년정도 된 사원들을 TF로 선발하여 그들에게 채용 마케팅 업무를 맡기기로 했다.

"여러분들은 오늘부터 채용 TF에서 3개월간 같이 채용 마케팅업무를 진행하기로 했습니다. 잠시 현업 업무를 잊고 여러분과 같이 일할 수 있는 후배를 뽑는다는 마음으로 같이 열심히 해봅시다."

생소한 업무 배정으로 혼란이 있을 만한데 금방 업무내용을 파악하고 TF 구성원들끼리 다양한 아이디어가 개진되었다.

'그래도 그간 해오던 방식이 있는데 업무 가이드라도 설명을 해줄까? 방향을 잡느라 시간을 허비하면 안되는데…'

나름 후배들을 생각하는 마음에 이런 고민도 했지만 젊음세대의 마음은 같은 세대들이 잘 알거라는 믿음 하나로 업무 기한만 알려주고 전혀 개입하지 않기로 했다. 아이디어 시안 최종 회의일! 2주간의 아이디어를 공유하기 위해 모두가 회의실에 모였다.

"이번 채용마케팅의 주요 이벤트는 경쟁사와의 차별성과 우리회사만의 채용 브랜드 강화를 위해 현업 담당자의 직무소개 영상과 누구나 참여할 수 있는 온라인 직무 멘토링입니다"

TF 구성원으로 부터 세부적인 내용을 보고를 받는 내내 많은 생각이 들었다.

'참신하고 좋은 아이디어인데 이게 가능할까? 온라인 방송을 통한 직무 멘토링이라… 너무 부담스러운데… 방송은 비용도 많이 들고 방송한다고 하면 과연 윗 분들이 동의 하실까?'

리더로서 좋은 아이디어에 제시한 구성원에게 칭찬과 독려를 하는 것이 먼저지만 당시에는 우려와 걱정이 앞섰던 게 사실이다. 그럼에도 불구하고 기존 채용담당자가 생각할 수 없는 좋은 아이디어 임에는 분명했다. 보고를 받고 2일정도 고민을 했다. 그리고 결정을 했다.

'새로운 마케팅 툴에 대한 활용과 고민도 많이 했고 젊은 지원자

들의 마음도 더 잘 분석하고 있고 또 기존 아이디어보다 더 혁신적이고.. 이번에는 우리 TF를 믿어보자'

이후 경영진께 어렵게 실행 보고를 하고, 흔쾌이 승락을 얻은 후 드디어 온라인 라이브 멘토링을 진행했다. 온라인 방송이라는 부담으로 긴장도 많이 하고 다소 서툰 점도 있었으나 새로운 도전을 수행하는 구성원들의 일에 대한 몰입감과 집중도는 엄청났다.

그리고 결과는 대성공! 순간 최대 접속자 수는 1만 2천여명이었고 총 시청한 인원도 1만 7천여명에 달했다. 또한 이후 언론에서도 새로운 방식의 채용 프로그램에 대해 좋은 기사와 바이럴을 전달하면서 회사의 채용 브랜드와 지원자 선호도에서도 좋은 평가를 받을 수 있었다.

지금도 가끔 그때 회의하던 순간이 기억난다. 리더로서 어려웠던 점은 구성원의 전문성과 능력에 대한 끊임없는 신뢰와 인내! 모든 업무를 그렇게 할 수 없겠지만 그때 그순간 결정이 나의 자랑스러운 회사생활의 한장면으로 기억되고 있다

위 사례에서 확인할 수 있는 백 리더십의 중요한 특징은 첫째, 조직내 직위보다는 능력과 전문성에 대한 존중을 우선한다는 점이다. 참고로 상기 사례의 기준 시점은 2014년도로 당시 온라인 송출 시스템은 안정적이지 않았고, 지금은 너무나 흔하고 당연하지만 당시 채용 분야에서 최초로 시행되어 많은 화제가 되었다.

사례의 A팀장과 그의 팀은 위와 같은 채용 브랜딩 노력으로 소속

된 조직을 채용선호도를 기준 국내에서 가장 가고 싶은 회사로 만들었고, 상당기간 유지했다. 앞선 사례와 같이 백 리더에게는 연공서열에 따라 선입·선출되는 직위 중심의 리더가 아닌 해당 문제에 전문성과 경험이 리더의 필수적 요소가 되었으며, 리더 스스로에게 전문성이 부족하더라도 능력있는 구성원들에게 그 역할을 수행할 수 있는 임파워먼트를 부여한다.

그리고 신뢰와 존중의 기반 위에 전문성을 중심으로 하는 임파워먼트가 중요하다. 시키는 일만 수행하는 부하사원이 아닌 스스로의 전문성을 가진 파트너로 구성원을 성장시키고, 이는 장기적으로 개인역량이 조직의 역량으로 전이될 수 있게 하여 조직의 효율성을 궁극적으로 높이는데 기여할 수 있다.

오바마 전 대통령은 과거 빈라덴 제거 작전 지휘 당시 백악관 상황실의 상석을 자신이 아닌 연합 특수전 사령부 부사령관에게 내주었고, 실제 상황 통제권을 전문가와 작전 책임자에게 맡겼다. 이는 리더가 모든 것을 직접 지휘하거나 통제하려 하지 않고, 현장 경험과 전문성을 가진 인물에게 의사결정의 주도권을 이양하는 태도였다. 또한 작전 승인 전, 오바마는 각 부처(국방장관, 국무장관, 부통령 등) 및 정보기관(CIA, NSA 등) 책임자들에게 반대·찬성 의견을 모두 듣고 충분히 토론하는 시간을 가졌다.

오바마 대통령의 빈라덴 제거 작전 지휘 모습

그는 단순 지시가 아닌, 전문가의 견해를 존중하고 숙의하는 과정을 통해 결정이 내려졌다. 실전 작전에서도 세부 전술 결정과 실제 상황 대응은 오롯이 특수부대 요원들과 현장 지휘관에게 일임했고, 그렇게 리더는 큰 방향만 제시하고 세부 실행은 전문가가 주도하도록 했다.

이러한 태도는 개인의 권위보다 구성원(팀원, 전문가)의 역량과 판단을 신뢰하고, 집단지성을 극대화하는 리더십의 대표적인 모습이다. 특히 중요한 국가 작전에서도 리더가 중심에 서서 모든 것을 통제하기보다, '믿고 맡기는' 문화를 조성했다는 점에서 오바마의 리더십이 높은 평가를 받고 있다. 이는 어떤 조직이든 구성원의 잠재력과 전문성을 존중할 때 최고의 성과를 낼 수 있다는 것을 단적으로 보여주는 사례이다.

충격적인 리더십 피드백을 받은 리더 B의 사례

우리회사에선 1년 2번 구성원들이 부서장을 평가하는 리더십 피드백을 진행한다. 구성원 평가가 부서장 연말평가에 직접적으로 영향을 미치지는 않지만 공식적으로 구성원들의 목소리를 듣는 경로이다 보니 리더십 피드백 시즌이 되면 대부분의 부서장들이 긴장하는 모습이 역력하다.

부서를 옮겨 4개월만에 새로운 구성원들의 피드백을 받게 된 나도 솔직히 결과에 대해 궁금했다. 우리 부서는 나를 포함 총 9명. 내가 경험한 다른 조직과 다른 점이라고 하면 리더를 제외한 구성원 간 나이차가 크다는 사실이다(4명은 80년생, 4명은 90년대생). 그러나 나는 그간 다른 조직에서 늘 좋은 리더십 피드백을 받아온 터라 결과에 대해 걱정은 하지 않았다.

구성원 평가 후 1달이 지나고 드디어 리더십 피드백이 도착했다. 새로운 구성원들의 나에 대한 평가도 궁금했고 새로운 개선사항에 대한 의견도 기대됐다. 그러나 리더십 피드백 결과는 나의 기대를 벗어나 다소 충격적이었다. 수치로 얘기하면 지난 조직에서의 평가보다 10% 가까이 하락한 점수가 나왔고 구성원 세부 피드백은 더 예상 외였다.

피드백 중 중복되게 나온 것은 "회의시간에 의견 제시에 대한 기회 부족", "업무에 대한 성과 피드백 미흡" 하다는 의견이었다. 솔직히 그간 한번도 들어보지 못했던 피드백에 상당히 당황했고 정신을 바로잡고자 잠시 회사밖으로 나와 생각을 했다.

백 리더십: 전문성, 친근감, 촉진자

'나름 구성원들과 친밀한 관계라고 생각했는데 나만의 생각이었나?'

'친밀한 분위기를 위해 회의 시간에 업무 외 다양한 얘기들도 했던 것 같은데 아니었나?'

'업무지시도 명확하고 피드백도 신경을 쓴 거 같은데 왜 그럴까?'

그간 구성원과의 관계를 잘못한 것에 대한 미안함과 함께 서운함도 있었지만 그보다 너무 당혹스러운 피드백을 접하면서 어떻게든 수습해야 하겠다는 마음이 앞섰다. 1주일 정도 전과 다름없이 구성원들과 대화하면서 내 커뮤니케이션 방식에 대해 살펴봤다. 그리고 한가지 문제점을 스스로 발견하게 되었다.

'생각해 보니 우리 조직에는 주로 리더인 내가 커뮤니케이션을 주도해 왔구나. 회의시간에도 점심시간에도 회식시간에도…'

앞에서도 언급한 바와 같이 우리 조직은 리더와 구성원들과 나이차가 있다 보니 나는 구성원 관리차원에서 스스로 먼저 다가가는 커뮤니케이션을 했었다. 이를 통해 업무 노하우도 전달하고 좀 더 친근한 리더로 다가가고 싶은 마음이었다. 그러나 돌이켜 생각해 보면 리더 주도의 커뮤니케이션으로 조직 내 커뮤니케이션은 많아 보이지만 실제로는 양방향 커뮤니케이션이 아닌 리더가 묻고 구성원이 대답하는 일방향 커뮤니케이션이었던 것이다. 리더가 커뮤니케이션을 주도하면 빠른 의사결정과 업무프로세스의 효율은 높일 수 있을 지는 모르지만 어느 순간 구성원들은 스스로 문제해결을 하기 보다는 모든 일에 리더의 손끝만 보고 의지하게 된다.

나는 구성원 커뮤니케이션에 있어 문제해결을 위해 내 의견보다는 주로 담당자 얘기를 들어보는 방식으로 전환했다. 그리고 업무보고서 작성시 반드시 한번, 간략히 중간보고를 할수 있도록 유도했다. 또한 크건 작건 업무 성과에 대해서 전체적인 평가와 함께 구성원 개개인의 역할에 대한 칭찬과 조언을 명확히 하려고 노력했다.

나는 이 일을 통해 몇 가지 교훈을 얻게 되었다. 양방향 커뮤니케이션은 리더십에 가장 기본이 되는 백 그라운드이며, 이를 위해서는 리더의 친근감이 가장 중요한 요소이다. 다만, 경청과 배려가 동반되지 않은 일방적인 리더의 친근감의 표현은 오히려 양방향 커뮤니케이션을 막는 장애요소가 될 수도 있다.

이후 이러한 노력 덕분인지는 몰라도 조직내 가장 큰 변화는 구성원 스스로가 리더인 나에게 먼저 다가와 업무 방향과 문제제기를 얘기하는 일이 많아 졌다는 사실이다.

백 리더십의 중요한 특징, 그 두 번째는 리더의 친근감을 기반으로 한 상하간 개방적이고 허물없는 쌍방향 의사소통이다. 사례에서 기대 이하의 구성원 피드백을 접한 리더가 리더십을 개선하기 위해 보다 친근하게 구성원에게 다가가고, 양방향 커뮤니케이션을 위해 노력하는 모습을 확인할 수 있다. 이처럼 백리더십이 효과를 극대화하기 위해서 가장 중요한 환경은 리더와 구성원 간의 의사소통이다. 좋은 상하간 의사소통이란 리더와 구성원이 서로의 의견을 말하고 들을 수 있는 환경이 조성됨으로써 리더의 일방적인 지시가 아닌 상호간 이해와 설득이 이루어지는 과정을 말한다.

그리고 이를 위해서는 리더의 친근감이 필요하다. 친근감은 그저 사람 좋아 보이는 무언가가 아니다. 구성원에 대한 진심어린 애정과 관심을 바탕으로 한 지속적인 노력이 더해졌을 때에 비로소 구성원이 느낄 수 있는 심리적 안정감과 리더에 대한 애착이다. 이를 통해 리더는 본인의 의사결정의 정당성과 합리성을 확보할 수 있고 구성원들은 조직 구성원으로서의 심리적안정감(+보람)과 담당업무에 대한 열정을 제고할 수 있다.

구성원들의 업무에 대한 적극적인 참여의지는 업무몰입도를 증가시키고 의사소통의 오류를 줄임으로써 생산성을 제고하는 데 기여한다. 이를 위해 대부분의 회사들은 원활한 상하간 쌍방향 의사소통을 위해 수많은 시간과 비용을 지불해 왔다. 이는 모든 조직문화 활동의 주요 목적이라고 해도 과언이 아니며, 이를 위해 대부분의 회사에선 구성원들의 눈높이에 맞는 커뮤니케이션, 구성원들 중심의 근무환경 변화 등을 추진해 왔다.

내 일이 아니라 우리 일, 새로운 본부장님의 리더십 사례

새해 조직개편이 되면서 우리1사업본부로 새로운 본부장님이 오셨다. 과거 신사업본부를 담당하시던 본부장님으로 늘 아이디어가 많으시고 부하직원들과 격의 없는 의사소통을 하신다는 얘기가 있어 기대가 많다. 취임 후 1주일뒤! 신임 본부장으로 전체 본부 구성원들을 소집하여 상견례 겸 타운홀 미팅 형태의 회의를 진행했다.

"다들 반갑습니다. 신사업본부를 담당하면서 늘 1사업본부에 관심이 많았었는데 이렇게 같이 일할 수 있게되어 영광입니다. 오가면서 얼굴 본 분들도 있는 것 같은데 앞으로 잘 부탁드립니다"

간단한 본인소개와 함께 구성원들과 상견례를 마치고 몇가지 업무진행상 본인 스타일에 대해 설명해 주셨다.

"저는 업무를 할 때 대부분 모든 프로세스를 구성원 분들에게 공유하는 스타일입니다. 물론 회사의 기밀사항이나 의사결정사항은 예외일 수 있지만 저는 왠만하면 다 공유를 합니다. 여러분께 업무를 공유하는 이유는 같은 목표를 가지고 일하는 동료로서 조직이슈를 함께 공유하고 그에 따른 많은 아이디어와 솔루션을 만들기 위함 입니다. 일하면서 새로운 제안이나 의문사항은 언제든지 얘기해 주세요"

기존 본부장님과 너무도 다른 스타일을 얘기하셔서 다들 의아해 했지만 그래도 오픈 마인드로 말씀을 주셔서 반기는 분위기다. 사실 전임 본부장님은 정보에 대한 통제를 많이 하시는 스타일이었다. 팀장들에게도 담당업무만 지시하고 중요한 의사결정은 본인이 직접해야 하는 스타일이셨다.

첫번째 월간회의 날, 기존과 다른 형식으로 회의가 진행되었다. 팀장님들만 참석하는 회의에서 전 구성원들이 모두 참석하는 회의로 확대, 변경하여 진행했다.

첫번째 회의부터 다소 무거운 주제가 올라왔다. 상반기 사업 실적

저조에 따른 원인 분석과 해결방안 모색이었다. 회사의 상반기 세부 실적자료가 전체 공개되었고 각 팀장님들이 원인과 대책에 대해 발표를 했다. 다들 이런 정보들이 모두에게 공유해도 되나 하는 걱정의 눈빛도 있었지만 또 한편으로는 무언가 중요한 회의에 참석하고 있다는 생각을 하고 있는지 참석자들의 집중도는 높아 보였다.

"여기 계신 분들도 발표자료를 봐서 알겠지만 현재 우리 사업본부의 상황은 좋지 않습니다. 우리 사업본부 실적이 회사 전체 실적의 40%임을 인지해 주시고 다들 비장한 각오로 일해주세요. 그리고 사업 실적 개선을 위해선 외부 사업 수주가 무엇보다 중요합니다. 여기 계신 구성원 모두가 영업사원이라고 생각하시고 회사 실적에 도움이 된다면 STAFF, 영업사원 구분 없이 적극적으로 참여해 주세요"

그간 회사에 대한 정보를 팀장 직급을 통해서만 제한적으로 전달받을 때, 회사의 의사결정은 구성원은 '나와는 관계없는 일' 또는 '나는 내 일이나 열심히 하자'는 생각과 조직 분위기를 형성한다. 하지만 반대로 투명한 정보를 공유 받게 되다 보면 나도 회사에 무언가 도움이 되어야 하겠다는 생각이 들었다.

본부장님 본인 스스로도 집무실에 앉아서 업무를 보시기 보다는 사무실을 돌면서 구성원들과 많은 대화를 하신다. 대화 주제는 담당 업무 애로사항이나 경쟁사 사업현황부터 구성원 개인적인 관심사까지 다양하다. 이러한 격의 없는 본부장님의 커뮤니케이션 스타일에 맞춰 구성원들도 호응하다 보니 이전보다는 조직내 상향식 커뮤니케이션이 자유로워진 분위기이다.

내가 모신 리더들의 경우, 대부분은 회사 실적과 상황에 대한 정보에 대해 폐쇄적이었던 것 같다. 그 이유를 보면 구성원을 통한 정보공유가 불필요한 바이럴을 양산하고 혹 경쟁사에 회사정보가 유출될 경우 그에 대한 관리 책임이 따르기 때문이다. 나도 회사의 모든 정보가 구성원들에게 공유되는 것은 반대한다. 다만 공동의 목표를 위해 구성원 모두가 상황인식을 같이하고 같이 일하는 분위기를 만들 수 있는 정도의 정보 공유는 조직의 신뢰를 위해 필요하다고 본다.

또한 리더가 정보공유시 단순한 사실 나열이 아닌 구성원의 업무 참여를 독려할 수 있는 촉진자 역할을 수행한다면 구성원들은 심리적 안정감과 함께 업무 몰입을 높일 수 있는 효과를 만들 수 있다는 생각이 들었다.

위 사례에서 백 리더십의 세 번째 특징. 정보 공유에 대한 투명성을 확보하고, 구성원의 성과를 촉진한다는 점을 알 수 있다. 정보공유의 투명성이란 말그대로 조직의 의사결정을 누가, 어떤 기준과 프로세스로 진행했는지, 관련하여 어떤 정보들을 리더가 가지고 있는지를 구성원들에게 투명하게 공개하는 것을 말한다.

단순히 정보를 공유한다는 게 아니라, 내가 이 회사의 주요 정보를 동등하게 공유받는다는 사실만으로 구성원은 기존에 명령을 하달받는 입장에서, 주도적인 행위자로 변모한다. 적어도 몰라서 안했다는 핑계를 댈 수가 없는 것이다. 동시에 촉진자로서 리더는 왜곡되거나 제한된 정보로 구성원들이 가지게 되는 비효율성을 제거하고, 스스로가 올바른 결정을 내릴 수 있도록 도와야 한다. 여기에 업무적으로 어려움을 겪고 있는 구성원에게 도움을 주거나 역량 향상을 지원하는 것까지가 촉진자로서 백 리더의 주요한 역할이다.

오랜 회사생활을 하면서 느낀 점이지만, 주요한 정보 공유와 의사결정이 몇몇의 경영진에게만 한정된 경우, 이른바 밀실 협의로 진행되는 의사결정은 해당 결과의 좋고 나쁨을 떠나, 구성원들로 하여금 궁극적으로 경영진과의 거리감을 만들고 혹 좋지 못한 의사결정이 반복되면 이는 경영진에 대한 불신으로 연결된다. 특히 요즘 MZ세대로 불리우는 젊은 세대에게 있어 조직의 공정성과 투명성 확보는 회사를 선택하고 몰입도를 높이는데 있어 주요이유가 될 정도로 중시된다.

그렇기에 리더의 투명한 정보 공유는 구성원의 의견 반영과 참여를 이끌어내며 이는 조직 몰입도 제고와 긍정적인 조직문화 형성에도 영향을 준다. 그리고 이를 통해 확보되는 공정성의 가치는 구성원의 책임감과 자율성을 제고함으로써 조직 효율성을 제고하는데 기여한다.

일부 예외도 존재하지만, 대부분의 현대 조직이 지속적으로 발전하고 성장하기 위해서는 전통적인 권위적 리더십에서 벗어나, 능력과 전문성을 존중하는 수평적이고 유연한 백 리더십으로의 전환이 필요해 보이는 것은 사실이다.

실제로 오바마 대통령의 빈라덴 작전 사례에서도 볼 수 있듯, 리더가 모든 의사결정을 독점하는 것이 아니라 팀 내 각자의 전문성과 의견을 존중하며, 필요할 때는 과감하게 권한을 위임하는 태도가 집단의 역량을 극대화했다. 그리고 이는 단순히 특정 상황에서의 성공을 의미하는 것이 아니라, 조직 전체의 성장 동력을 키우고, 구성원이 스스로 동기를 갖고 몰입하게 만드는 핵심 원리임을 알 수 있다.

결국, 백 리더십은 지위나 연공서열보다는 개인이 가지고 있는 전문성을 중심으로 개방적이고 쌍방향적인 소통과 정보공유가 이루어지고, 이때 리더는 촉진자로서 함께 소통하고 구성원들을 지원하는 역할을 수행하는 것이 그 핵심 역할이 될 것이다. 그리고 이와 같은 모든 일련의 프로세스는 구성원의 잠재력과 전문성에 대한 깊은 신뢰를 바탕으로 한다.

이러한 환경에서 개개인은 업무에 주도적으로 참여하고, 자신이 존중받고 있다는 자부심 속에서 최상의 창의적 성과를 낼 수 있다. 앞으로도 우리는 이러한 리더십의 가치를 꾸준히 실천하며, 모두가 성장에 기여하는 건강한 조직문화를 만들어가야 할 것이다.

리버시Reversi 리더십:
흑과 백을 자유롭게 넘나드는 힘

지난 Chapter에서 실제 사례를 통해 흑백 리더십의 핵심적인 요소와 주요한 특징들을 함께 살펴보았다. 다시 강조하자면 흑과 백 리더십 모두 조직의 환경과 특성에 따라 유리하거나 때로는 불리할 수 있으며, 가지고 있는 장점과 단점이 명확하다. 이 세상에 완벽한 리더십은 존재하지 않는다. 처해진 환경과 구조, 이해관계자와의 관계에 따라 다분히 개별적이다. 고로 옳고 그름, 맞고 틀림의 개념이 아니라 다양한 흑백 리더의 유형과 특징을 파악하여, 나의 상황에 맞게 활용할 수 있다면 매우 유용한 지침서가 되어줄 수가 있을 것이다.

만약 누군가 리더십을 한 단어로 요약하라고 한다면, 감히 영향력이다 라고 정의할 수 있다. 누군가에게 영향을 주어 함께 목표를 달성하게 만드는 능력, 이 것이 곧 리더십이다. 리더의 영향력은 리더가 조직과 구성원에게 미치는 변화의 힘이다. 하버드 심리학자 허버트 켈먼Herbert Kelman은 영향력을 세 가지 주요 유형(신뢰성, 사회적매력,

권위)으로 정의하고 있으며, 이와 같은 영향력은 순응(Compliance, 외적 보상 획득 또는 처벌 회피를 위한 수용) 또는 동일시(Identification, 소속감, 역할기대 등), 내면화(Internalization, 가치신념 체계와 일치했을 경우 발생) 과정을 통해 사람들의 태도와 행동을 바꾸도록 유도한다.

  신뢰성 차원에서 흑 리더십은 확고한 지위와 일관성 있는 의사결정, 주요한 정보의 보유를 통해 신뢰를 얻는다. 반면 백 리더십은 고유한 전문성을 바탕으로 구성원들의 신뢰를 얻고, 의사결정의 유연성을 지향하며, 주요한 정보를 오픈하는 것을 꺼리지 않는다. 사회적 매력 차원에서 흑 리더들은 카리스마적 리더십을 통해 일사분란하게 통솔하고, 회식 등을 통한 내부적인 결속력을 중시한다면, 백 리더들은 리더가 가진 친근감을 매개로 구성원의 목소리를 경청하고, 다양한 의견들을 통합하며 이끌고 있는 팀 외의 유관 부서, 나아가 외부 조직과의 네트워킹을 통해 정보를 얻고자 한다.

  마지막으로 흑 리더의 권위는 누구나 되고 싶은 지위와 이를 통한 인지, 행동, 태도를 토대로 이루어지며, 지시와 감시 행동과 일방향적인 커뮤니케이션에서 발휘된다면 백 리더는 촉진자로서 방향성을 설정하고, 구성원 스스로 나아갈 수 있는 동기를 부여하며, 다양한 소통 채널을 만드는 것에 거부감이 적다. 한편, 드물기는 하지만 현실 세계에는 이와 같은 흑과 백이 교차하는, 때로는 양쪽 모두를 지향하는 조직과 리더도 존재한다. 본 저서에서는 이를 흑과 백을 전략적으로 운용하는 리버시reversi 리더십이라 정의했으며, 위 켈

먼의 이론적 프레임과 지금까지 사례 탐구를 통해 살펴본 흑백 리더십에 대한 다양한 논의를 바탕으로 다음과 같이 흑백 리더십의 통합 모델을 함께 제시하고자 한다.

유형	요인	흑 리더십	백 리더십	통합모델 (리버시)
신뢰성 Credibility	핵심요소	지위 Hierarchy	전문성 Expertise	필승 포지션 Corner
	의사결정	일관성 Clear Standard	유연성 Mutual Respect	유연한 일관성 Wedge
	커뮤니케이션	소수 공유 Limitation	다수 공유 Transparency	제한된 개방성 Internal Move
사회적매력 Attractiveness	핵심요소	리더의 카리스마 Socialized Charisma	리더의 친근감 Trust, Empathy	친근한 카리스마 Edge
	의사결정	통솔 Monopoly of R&R	통합 Integration R&R	전략적 유도 Stoner Trap
	커뮤니케이션	내부 네트워킹 Internal Targets	외부 네트워킹 External Targets	개방적 네트워킹 Mobility
권위 Authority	핵심요소	롤 모델 Role Model	촉진자 Facilitator	마지막 주도권 Parity
	의사결정	지시와 감시 Direction&Control	방향설정&동기부여 Motivation&Manage	방향 설정 Move Restriction
	커뮤니케이션	일방향 Top-Down	다방향 Two-way, Open-ended	행동 예측 Reading Moves

흑백리더십의 통합모델,
리버시 리더십 Reversi Leadership

현대 조직의 상황은 기술과 산업환경의 변화에 따라 수시로 바뀌며 진화하고 있다. 하지만 과거에는 한 조직에 오래 몸담으며 조직에서 지향하는 바를 따르는 리더로서 한 가지 리더십을 고수할 수 있었다. 변화는 리더를 기다려주지 않는다. 조직 구조나 문화 생태계가 한 순간에 완전히 바뀌어 버리게 되면 기존의 리더십 방식의 교체를 필요로 하거나, 이직과 내부 전배 등 개인 포지션의 변동, 구성원들의 세대 구성 변화 등 다양한 변동성을 가지고 있다. 그렇다고 리더 개인의 경험과 특성에 잘 맞지 않는 모든 유형의 리더십을 그저 답습할 수도 없는 노릇이다.

그런데 만약, 적절하게 흑 리더십과 백 리더십을 전략적으로 사용할 수 있다면 어떨까? 예를 들어 자신을 가장 잘 설명하고 스스로도 선호하는 리더십 유형이 신뢰 유형의 흑리더라면 백리더십의 요소인 전문성과 유연성, 커뮤니케이션의 개방성을 추가적으로 갖춘다면 언제 어떤 조직을 담당하게 되더라도 적절하게 대응할 수 있을 것이다. 또한 기존 리더십에서 발생하는 문제점을 개선하기 위해 시시 때때 적절하게. 그리고 의식적으로 백리더십을 활용한다면 보다 완벽한 리더십을 발휘할 수도 있다.

이와 같은 경우를 위 통합 모델에 적용해보면 공식적 지위와 이에 맞는 전문성까지 겸비한 필승 포지션Coner를 확보하여, 큰 틀에서는 일관성을 유지하지만, 특별한 상황에는 유연하게 대처하는 유연한 일관성Wedge을 갖춘 리더. 정보의 위계와 중요도, 리스크를 빠르게 파악하고, 판단하여 제한적 개방성Internal Move을 만들 수 있는 전략적 리더가 탄생할 수 있을 것이다.

리버시Reversi는 1883년 영국의 루이스 워터만이 고안한 보드게임으로, 일본에서 상품화한 이름 오셀로^{Othello}가 우리에게 더 많이 알려져있다. 실제 리버시 게임 전략 용어와 흑백리더십의 의미에 착안하여 명명되었으며, 각각이 가진 세부 의미와 내용은 아래와 같다.

■ 필승 포지션 Corner

정의 개인의 전문성을 바탕으로 흔들리지 않는 원칙, 의사결정 권한 Corner을 명확히 하여 팀 전체의 안정을 유지한다.
※ 코너Corner : 한번 확보하면 뒤집히지 않는 구조적 유리한 지점을 말함

전략 리더가 본인의 원칙 (조직미션, 보안, 의사결정 등)을 명확히 하되, 리더 본인과 구성원들의 전문성을 유연하게 활용하여 성과를 도출한다.

ex 권위(흑)로 코너를 선언·보호하고, 리더와 구성원의 전문성 (백)으로 정교화

■ 유연한 일관성 Wedge

정의 조직의 원칙에 대한 일관성은 유지하되 실행의 세부규칙, 절차, 타임라인을 유연하게 조정한다.

전략 '원칙은 준수, 방법은 유연' 이라는 행동원칙을 정하고 다양한 방법 도입, 운영하되 허용 범위와 근거를 기록 / 공유한다

ex 일관성(흑)의 경계를 제시하고, 실무자들의 업무 실행의 유연성(백)을 보장

■ 제한된 개방성 Internal Move

정의 구성원들의 내부 정보에 대한 접근을 엄격히 관리하되 업무 수행자에게는 자유롭게 허용함으로써 업무 수행의 보안과 실행속도를 동시에 관리한다.

전략 이해관계자들을 위한 접근권한, 제한된 의사결정 방식 등을
통해 커뮤니케이션 함으로써 빠른 피드백과 정보공유 프로
세스를 정립한다.

*ex 접근 경계와 책임을 설정(흑)하고, 제한된 네트워크를 활용한 지식
순환을 가속한다(백)*

▌친근한 카리스마 Edge

정의 위압적인 권위가 아닌 친근함에 기반한 리더의 권위를 활용
하며 구성원들의 자율적인 규율준수와 협업참여를 이끌어내
는 리더의 기술

전략 사전에 준비된 유연하고 정제된 메시지를 구성원과의 1:1 대
화를 통해 녹여냄으로써 심리적 거리감을 최소화한다.

*ex 카리스마적 메시지(흑)를 친근한 언어로 번역(백)해 메시지의 본질
은 살리고, 동시에 메시지의 수용력을 높여 현장에 스며들게 한다*

▌전략적 유도 Stoner Trap

정의 구성원들과의 소통 통해 불만과 요구사항을 사전에 파악하여
정보의 비대칭에서 오는 오해를 해소하고 유리한 상황에서
의사결정을 유도하는 리더의 기술

전략 자연스러운 구성원 소통을 통해 조직 이슈사항을 파악하여
이에 대한 구체적인 대안을 마련, 제시한다.

*ex 리더가 최종 카드와 레드라인을 보관(흑), 구성원과 탐색 대화를 통
해 데이터와 신호를 수집(백)*

■ 개방적 네트워킹 Mobility

정의 조직의 기능, 부서, 외부지원을 활용하는 커뮤니케이션을 통해 다양한 업무자원, 아이디어 등을 활용하는 네트워킹 구축

전략 조직의 cross function 체계구성, 공식화된 외부 파트너십 구축, 사내 커뮤니티를 활용한 대안 경로 구축 (단, 공식 라인과 충돌하지 않게 주의)

ex 공식 승인된 이동 경로와 책임자 매핑(흑) 후 자율적 연결과 공동작업 허용(백)

■ 마지막 주도권 Parity

정의 탐색·토론 단계에서는 대등한 참여를 보장하되, 결정적 순간과 최종 의사결정에는 리더가 최종 결정하는 단계별 주도권 설정 전략

전략 의사결정 규칙(결정권자, 기준, 데드라인)을 사전에 공지하고, 자유로운 논의는 열어두되 마감은 엄격히 실행

ex 구성원이 대안을 폭넓게 발의하고(백), 리더가 기준에 따라 결론을 봉합(흑)

■ 전략적 통제 Move Restriction

정의 전체 조직, 업무의 안정과 리스크 관리를 위해 일부(시간, 장소, 사람)를 의도적으로 제한 또는 조건부 허용하는 리더의 '규칙 설계' 전술

전략 제한 목록, 사전 심사 조건, 파일럿·세이프가드 기준은 사전에

반드시 공식화/문서화, 위반 시 일관된 페널티 적용. 중요도나 위험도가 낮은 업무는 무한 자율성 보장.
ex 리더가 제한 규칙과 예외 절차를 공표(흑), 나머지는 구성원이 자유롭게 결정

▌행동예측 Reading Moves

정의 리더가 구성원의 커뮤니케이션을 예측해, 선제적 메시지·자원 배치를 앞당기는 정보 기반 리더 전술

전략 시나리오 플래닝 & 선행지표 Leading indicators, 빠른 A/B 커뮤니케이션 테스트로 구성원과의 커뮤니케이션을 예측-조정 루프로 구조화 한다.

ex 리더가 시나리오별 의사결정 트리를 사전에 작성(흑), 구성원과 커뮤니케이션 과정에서 실시간로 빠르게 대응해 리더 결정의 신속과 정밀성을 향상

진단 당신의 흑백 리더십 발견하기

■ **나의 리더십 DNA는 어떨까?**

우측 표의 질문문항에 1점(전혀 아니다)~10점(매우 그렇다)로
자신에게 해당하는 정도를 숫자로 기입하시면 됩니다.
모든 리더십 유형에는 우열이 없습니다.
즉시 떠오르는 대로, 솔직하게 응답해주세요.

번호	문항	점수 (1-10)
A-1	나는 조직·팀에 명확한 기준과 규칙을 세우는 편이다.	
A-2	일관성 있는 의사결정으로 예측 가능성을 높인다.	
B-1	데이터를 바탕으로 투명하게 의견을 나눈다.	
B-2	다양한 시각을 조율하는 역할을 자주 맡는다.	
C-1	변화와 전통 사이에서 균형을 찾으려 한다.	
C-2	필요할 때만 정보를 전략적으로 공개한다.	
D-1	목표 달성을 위해 강력한 추진력을 발휘한다.	
D-2	핵심 인물들을 적극적으로 연결해 몰입을 유도한다.	
E-1	소수 의견도 존중하며 참여를 촉진한다.	
E-2	내부·외부 네트워크를 활용해 혁신을 도모한다.	
F-1	미묘한 분위기와 정보를 빠르게 감지한다.	
F-2	사전 협상과 설득으로 방향을 조율한다.	
G-1	책임과 권한을 명확히 구분한다.	
G-2	신속하고 간결하게 실행하는 편이다.	
H-1	자율성과 책임을 동시에 강조한다.	
H-2	질문과 계약 기반으로 팀원을 코칭한다.	
I-1	데이터와 시나리오를 분석해 결정을 내린다.	
I-2	논의를 명료하게 마무리해 안정감을 준다.	

이제 거의 다 왔습니다, 아래의 몇 단계만 더 진행해주세요.

(1) 문항 코드별(A~I) 점수를 합산합니다
- ex A-1이 10점, A-2이 9점인 경우, A는 19점
(2) 상위유형별(ex 신뢰형의 경우 A, B, C) 점수를 합산합니다
(3) 가장 높은 점수의 유형(ex 신뢰형)을 확인하세요
- 만약 동점이라면 권위형 > 신뢰형 > 매력형 순으로 결정
(4) 상기 유형 내 최고 점수에 해당하는 세부유형(ex 신뢰형-기준수호자)
가 당신의 흑백리더십 유형입니다.
- 만약 동점이라면 (흑) > (백) > (리버시) 순으로 선정

코드	해당문항	유형	합계
A	A-1, A-2	신뢰형-기준수호자 (흑)	
B	B-1, B-2	신뢰형-열린전문가 (백)	
C	C-1, C-2	신뢰형-핵심활용가 (리버시)	
	신뢰형(A~C) 합계		
D	D-1, D-2	매력형-몰입추진가 (흑)	
E	E-1, E-2	매력형-신뢰연결자 (백)	
F	F-1, F-2	매력형-친근설득가 (리버시)	
	매력형(D~F) 합계		
G	G-1, G-2	권위형-신속집행자 (흑)	
H	H-1, H-2	권위형-자율형코치 (백)	
I	I-1, I-2	권위형-균형결정자 (리버시)	
	권위형(G~I) 합계		

▌해석 시 유의사항

본 책에 수록된 간이 진단표는 독자 여러분이 자신의 리더십 경향을 빠르게 살펴볼 수 있도록, 최소한의 문항으로 구성되었습니다. 따라서 결과가 다소 부정확할 수 있으며, 책을 읽어가며 더 공감되거나 적합하다고 느끼는 유형이 있다면 해당 유형을 참고하셔도 무방합니다.
(흑백리더십의 정식 진단 도구는 총 72개의 문항으로 구성되어 있습니다)

또한 리더십은 개인의 고정된 성향보다는 환경과 조직의 특성, 그리고 상황적 요인에 따라 달라질 수 있습니다. **본 진단 결과는 '현재의 나'를 살펴보는 출발점으로 활용하시고, 책의 내용과 함께 다양한 상황에서 스스로를 점검해 보시길 권합니다.**

코드	해당문항	유형	합계
A	A-1, A-2	신뢰형-기준수호자 (흑)	20
B	B-1, B-2	신뢰형-열린전문가 (백)	20
C	C-1, C-2	신뢰형-핵심활용가 (리버시)	10
		신뢰형(A~C) 합계	50
D	D-1, D-2	매력형-몰입추진가 (흑)	17
E	E-1, E-2	매력형-신뢰연결자 (백)	19
F	F-1, F-2	매력형-친근설득가 (리버시)	14
		매력형(D~F) 합계	50
G	G-1, G-2	권위형-신속집행자 (흑)	12
H	H-1, H-2	권위형-자율코치 (백)	12
I	I-1, I-2	권위형-균형결정자 (리버시)	15
		권위형(G~I) 합계	39

▌점수 집계표 (예시)

(1) 신뢰형과 매력형이 최고점(50)이자 동점임으로, 이 경우 우선순위(권위>신뢰>매력)에 따라 신뢰형으로 선정
(2) (1)에서 선정된 신뢰형 내에 기준수호자와 열린전문가가 최고점(20)이자 동점임으로, 이 경우 우선순위(흑>백>리버시)에 따라 기준수호자가 최종 흑백리더십 유형이 됨

Chapter 2

나의 리더십 DNA :
9가지 유형

금번 디브리핑 챕터에서는 본격적인 9가지 세부 유형을 이야기하기 앞서 리더 영향력 차원의 3가지 대 구분(신뢰형, 매력형, 권위형)에 대한 이해를 통해 이들 유형들의 일반적인 특성을 이야기하고자 한다. 위 9가지 흑백리더십 유형표는 마치 흑백 사진처럼 선명하지만, 이와 같은 선명함은 종종 그림자를 남긴다. 본 도서에서 수없이 강조하고 싶은 부분은 최고의 리더십은 상황과 맥락에 따라 달라지며, 이 마저도 끊임없이 진화하고 변화한다는 것이다.

여기에 각양각색의 개인의 특성에 따라 실제 현실에서는 달리 적용될 수밖에 없다. 그렇기에 개인에 따라 진단결과와 해석, 실제 현장 적용에는 차이가 충분히 존재할 수 있다. 이에 전체 내용 중 보다 공감이 되는 부분에 집중한다면, 나와 타인의 리더십을 이해하는데 보다 적용력 높고 가치있는 시간을 만들어줄 수 있을 것이다.

앞서 언급했던 흑백리더십은 리더의 영향력 측면에서 크게 신뢰형, 매력형, 권위형 리더로 구분된다. 본 리더십 진단은 Herbert C. Kelman이 제시한 사회적 영향의 세 가지 메커니즘인 동조와 순응 Compliance, 동일시 Identification, 내면화 Internalization을 리더십 맥락에 맞게 재구성한 서술에 기반한다.

흑 리더십이냐 백 리더십이냐, 리버시 리더십이냐에 따라 그 정도와 방식의 차이는 존재하지만, 각 구분별(신뢰형, 매력형, 권위형) 다음 그림과 같은 공통적인 특성을 가지고 있으며, 각각은 실제 리더십 행동 차이에 따라 다시 3가지 세부 유형으로 분류된다. 신뢰형 리더의 경우 기준수호자, 열린전문가, 핵심활용가로 나뉘며, 매력형 리더는 몰입추진가, 신뢰연결자, 친근설득가로. 마지막으로 권위형 리더는 신속집행자, 자율형코치, 균형결정자로 나뉜다.

아래 그림을 통해 언급했던 흑백리더십의 9가지 모든 유형을 확인할 수 있다. Chapter 2는 진단결과를 기반으로 전개되기 때문에 Chapter1 마지막 간지에 있는 흑백리더십 진단을 완료하고, 본인의 유형(ex 신뢰형-기준수호자)을 먼저 확인하고 글을 읽으면 도움이 될 것이다.

어디까지나 진단 결과는 보편성을 토대로 하며, 여기서 기술된 것만이 정답일 수 없다. 각양각색인 개인의 특성만큼이나 리더십 역시 조직-개인적 특성, 구성 환경에 따라 천차만별로 달라진다. 이 Chapter를 가장 효과적으로 읽는 방법은 형광펜을 준비하여, 가장 공감되는 내용들에 밑줄을 치며 읽는 것이다. 이후 내용을 다시 복기하기도 좋고, 활용성도 향상될 것이라 기대한다.

신뢰형 리더:
기준수호자, 열린전문가, 핵심활용가

신뢰형 리더(기준수호자, 열린전문가, 핵심활용가)
: 원칙이 신뢰를 낳고 신뢰가 자율을 낳는다

신뢰형 리더십은 '내면화'의 메커니즘 위에 존재한다. 해당 리더 유형은 구성원이 리더를 따르는 이유가 외부 보상이나 개인적인 호감이 아니라, 리더가 제시한 가치와 기준, 논리를 '자기 신념'으로 받아들였을 때 가장 효과적이라 생각한다. 그렇기에 이 유형에서 리더의 힘은 개인의 카리스마나 지위가 아니라, 일관된 원칙과 검증 가능한 근거, 공식적 선언과 실행의 합치에서 발생한다. 다시 말해, 신뢰형 리더는 '무엇이 옳은가'를 리더 의사결정의 중심축으로 삼고, 그 옳음을 이해 가능하고 재현 가능한 행동 체계로 번역한다.

신뢰는 말보다 구조에서 탄생한다. 신뢰형 리더 점수가 높을수록 기준을 명확히 세우고(무엇을 지키고 무엇을 바꿀지), 정보의 신뢰도를 관리하며(사실·가정·해석을 구분), 약속의 이행율을 수치로 보여주는 행동(업무지시-행동-결과의 매핑)을 중시한다. 신뢰형 리더의 핵심은 업무지시의 명확성과 결과의 예측가능성이다. 반대로 구성원은 리더의 다음 행동을 맞출 수 있을 때 심리적 안전감이 형성되고, 안전감은 곧 자율로 전환된다. 자율은 단순한 '방임'이 아니라, 명확한 울타리 안에서의 주도적 실행이다.

현장에서 신뢰형 리더는 세 가지 대표적인 업무 장면으로 드러난다. 첫째, 이들은 기준을 수호한다. 예를 들어 회의의 첫 10분은 의사결정 기준(고객 가치, 규제, 리스크 한도, 조직윤리 등)을 재확인하고, 안건은 그 기준에 견줘 평가하는 등 분명한 기준 설정을 선호한다. 둘째, 진솔함을 선호한다. 즉, 구성원 뿐만 아니라 자신도 모르는 것을 모른다고 말하며, 가설을 투명하게 전개하는 것을 선호한다.

셋째, 정보는 신속하게 공유하되, 미완의 결론은 혼선을 막기 위해 책임 선에서만 다룬다. 다만 동일한 목표를 가짐에도 효율과 효과성에 집중하는 흑 리더십에 가까울수록 소수의 핵심 관계자에게 공유하려는 성향이 발휘되며, 반대로 백 리더십은 정보의 개방성을 발휘하되 그만큼 의사결정에 있어서도 효율보다는 이해관계자와의 소통과 조율을 중시한다.

이와 같은 신뢰형 리더의 강점은 세 가지다. 우선 의사결정의 퀄리티가 일정하게 유지된다. 원칙 기반 판단은 상황이 바뀌어도 재현 가능해 학습효과가 높다. 또한 신뢰는 전염된다. 리더-구성원 간 신뢰는 구성원-구성원 간 거래비용을 낮춰 팀의 협업 효율을 높일 수 있다. 마지막으로 자율의 확장이다. 기준이 명료할수록 위임의 범위가 넓어지고 의사결정 병목이 줄어든다.

반면, 취약점도 명확하다. 기준 점검과 검증 절차가 긴급 상황에서 의사결정을 늦출 수 있다. 또한 백 리더십의 경우 구성원의 자율성에 의존도가 높은 만큼, 경우에 따라서는 그 속도가 더욱 저하될 수 있다. 특히 백 리더가 선의로 정보 비대칭을 줄이려다 되려 그 안에서 새로운 내집단이 생기면 리더에 대한 신뢰 대신 거리감이 형성되니 주의해야 한다. 반대로 흑 리더십의 경우 지나친 '정답 지향'은 탐색적 아이디어를 초기에 소거할 위험이 있다.

리더십 육성의 관점에서, 신뢰형 리더는 '전문성의 겸손'을 모델링하는 것이 좋다. 즉, 현재 알고 있는 것보다 알지 못하는 것을 선명하게 아는 것이 신뢰형 리더의 최고의 강점이자, 성장을 위한 자양분이 된다. 피드백은 주장을 있는 그대로 평가하기보다 그것을 추론하는 과정에 초점을 둔다면 보다 완성된 신뢰형 리더로 성장이 가능하다. 또한, 신뢰형-백 리더십 유형(열린전문가)에 해당하는 리더는 심리적 안전을 '無비판'으로 오해하지 않도록, 토론 규칙(주장의 근거 명시, 반대의 책임, 시간 상한)을 명문화하면 좋을 것이다.

다른 리더 유형과의 접점에서, 신뢰형은 권위형의 실행력과 매력형의 몰입 에너지를 보완할 때 강력해 powerful 진다. 그렇기에 동일 유형의 리더가 아닌 다른 유형의 강점을 활용하고, 함께 협업한다면 함께 성장할 수 있을 것이다. 특히 위기 상황에서는 권위형 리더의 프로젝트 매니징, 업무나 사람 관리 방식을 일부 참고 한다거나, 네트워킹의 확대가 필요한 경우 매력형 리더의 도움을 받는다면 신뢰형 리더의 영향력을 크게 확장시킬 수 있다.

● **신뢰형-기준수호자(Core Standard)**는 회의의 첫 10분을 기준(중점적으로 봐야 하는 업무, 납기일정 등)을 리마인드 하는 것으로 시작하는 경우가 많다. 이들 유형의 리더가 수립한 체크리스트가 온전히 끝나야 회의나 업무에 참여하는 모두가 한결 편안해질 수 있다. 단, 한정된 정보 공유는 필요한 사람에게만 제공되기에 때로는 전체 팀의 업무 방향, 결을 맞추기 위한 시간으로 그 속도가 늦어질 수 있다. 선호하는 업무 방식은 기준은 명확하게, 꼭 필요한 사람에게 정보를 제공하며, 어느정도 결론의 문을 미리 지정하는 방식이다.

그만큼 업무의 청사진, 아웃풋에 대한 직관이 뛰어나며, 동시에 안정성과 명확성, 효율성의 역학을 중시한다. 이 유형의 리더는 일의 안전망을 '사람'보다 '기준'에서 찾는다. 사람은 잘 믿지 않는다기보다(물론 그러한 경향이 소폭 존재하나), 이들 유형에게 기준이란 함께 달리기 위해 깔아 놓은 레일이며, 올바른 방향으로 나아가고 동시에 서로의 시간을 아끼기 위한 약속이다. 기준이 다시 호출될 때 팀은 방향을 잃지 않는다. 예측 가능한 질서 속에서 사람들은 더 대담해지고, 그 대담함은 결국 더 빠른 실행으로 연결된다.

기준수호자의 언어는 선명하다. 이번 분기에 무조건 실행해야 하는 것, 지켜야 하는 규율, 하지 말아야 할 행동에 대한 언어. 그 선명함은 단순한 통제를 위한 장치가 아니라, 리더의 탐색과 관리를 위한 위한 경계석이 된다. 이들 유형의 리더와 함께 일하는 구성원들은 경계가 명확해 질수록 자율성의 면적이 넓어질 수 있다. 그렇기에 '닫힌 문(하지 말아야 할 행동)'을 먼저 보여주고 곧바로 '열린 창(지양하는 행동)'을 먼저 제시하는 것이 좋다.

이와 같은 리추얼이 반복되면 "여기까지는 가면 안 된다. 그러나 그 안에서는 원하는 대로 설계하라."는 단순한 문장 구조로 번역되며, 구성원들의 신뢰를 낳는다. 이들 유형의 리더들은 구성원이 리더의 다음 행동을 예측할 수 있을 때, 비로소 심리적 안전이 탄생한다. 그렇기에 심리적 안전은 방임이 아니라, 주도적 실행의 출발선임을 기억하고 일관성을 유지하는 것이 중요하다.

구성원들은 기준수호자는 일관된 기준을 리마인드하는 것이 좋다. 과거 리더가 강조했던 핵심 키워드들. 예를 들어 고객 가치, 법적 규제, 리스크 관리, 수익성 제고 등 각 기준들을 문장형 규정이 아니라 체크리스트로 관리하는 것이 좋다. 해당 유형의 리더들이 다소 위계적이고 어렵다고 생각하는 구성원들도 있지만, 해당 리더 중 요시하는 기준의 충족과 미충족. 이 간명한 언어는 불필요한 논쟁의 시간을 줄이고, 더 좋은 행동으로 사람들을 이동시킨다.

또 한가지 기준수호자 리더의 장점은 완료의 정의가 구성원마다 다르지 않다는 점이다. 어디까지나 예외는 예외 절차로 다뤄지며, 이것이 은밀한 관행이 되는 것을 그들은 허락하지 않는다. 해당 유형의 리더가 속한 사업과 조직의 문화에 따라 조금씩 상이하겠으나, 기준수호자들의 의사결정은 명확한 근거, 충분한 대안, 현실적 가정들로 채워진다. 이들 리더는 경영진이 되어서도 지시사항에 대한 기록을 선호하는 편이며, 이는 처벌을 위한 증거가 아니라 주요 업무에 대한 개입, 관리를 위한 최소한의 장치이다.

다만 지나치게 높은 기준은 속도를 늦추고, 구성원들의 사기를 저하시킬 수 있다. 특히 긴급 상황에서 지나친 검증과 합의의 절차는 의사결정의 발목을 잡는다. 다만 성숙한 기준수호자는 이 역설을 숨기지 않는다. 대신 '검증의 깊이'를 조절하는 자기만의 다이얼을 암묵적으로 갖추게 된다. 예를들면 평시에는 90%의 확실성을, 위기 상황에서는 70%로 조정하고, 나머지는 실행 중 검증한다. 중요한 것은 이와 같은 다이얼을 공개하는 것이다.

오직 공개된 기준 만이 신뢰를 지킨다. 아니면 자칫 이런 리더의 속도 모르는 구성원들에 의해 너무 변덕스럽다는 오명을 얻을 수 있다. 여기서 조금 더 나아간다면 기준의 언어를 '사람의 언어'로 번역할 필요가 있다. 예를 들어 구성원의 보고서를 보며 '전사 수익성 강화 기조에 맞춰, 제시한 10가지 계획 중 중요도 3등급 이상은 보류한다'는 커뮤니케이션 대신 '이 결정이 고객을 잠재적으로 해칠 수 있다면 멈춘다." 같은 문장은 동의의 속도를 높일 수 있다.

기준수호자의 가장 큰 강점은 품질의 안정성과 차상위 리더의 역할 위임이 용이하다는 점이다. 동일한 기준과 검증은 결과의 편차를 줄이고, 병목을 해소한다. 기준수호자 리더의 성숙한 팀은 리더의 빈자리를 크게 걱정하지 않는다(오히려 바란다). 기준이 리더의 부재를 메운다. 하지만 자칫 이 힘은 도그마(Dogma, 독단적 리더의 신념)로 변질되기 쉽다.

직선적 정답 지향은 초기에 불완전한 아이디어를 소거하기 때문에, 묵살된 의견들이과 스피커들이 반감을 가질 수 있다. 그렇기에 이들 유형의 리더들에게 결코 쉬운 방법은 아니지만, 의도적인 비판자를 설계하는 노력이 필요하다. 사람을 대하는 태도에서도 이들은 모범을 보인다. 모르는 것을 모른다고 당당히 말할 수 있다. 구성원이 '리더의 기준'이 아니라 '우리의 기준'을 말하기 시작할 때, 그(그녀)는 비로소 한 단계 물러날 수 있다. 리더가 만드는 기준은 어디까지나 팀의 성장을 위한 것이기 때문이다.

● **신뢰형-열린전문가**(Open Expert) 유형의 리더는 복잡한 문제를 여러 가정으로 쪼개어 구성원이 감당할 수 있는 무게를 쥐어주는 리더 유형이다. 이들은 경험적으로 가장 반대 의견에게 오히려 마이크를 건네야 하는 이유를 알고 있다.

이들 리더에게 리더십은 추상적인 언어가 아니다. 리더를 포함한 상호간의 전문성을 전제로 한 신뢰, 그리고 이러한 전문가 집단의 의견을 조율하고 조합하는 것이 이들 리더십의 역할이다. 자연히 의견의 신뢰성은 사람이 아닌 데이터에서, 개방성은 질문에서, 전문성은 모르는 것을 명확히 말하는 용기에서 증명된다. 그러면 자연히 개방된 권위가 리더에게 주어진다. 그리고 이러한 개방된 권위는 곧 리더에 대해 구성원들의 신뢰를 의미한다.

열린전문가 리더는 자신의 능력에 대한 충분한 확신이 있을 때에 그 리더십이 발휘된다. 또한 그들이 가진 전문성을 권력으로 쓰지 않는다. 대신 전문성을 '질문하는 힘'으로 전환한다. 실제로 구체적이고 본질적인 질문, 문제를 찾기 위한 것이 아닌 해결하기 위한. 평가가 아닌 사실을 확인하기 위한 질문들을 던지는 데 유능한 리더들이 이들 유형에는 많다.

그(그녀)는 문제 앞에서 먼저 가정들을 탁자 위에 올려놓는다. "우리가 사실로 믿는 것, 아직 모르는 것, 그리고 지금 검증할 수 있는 것." 방은 잠시 조용해지고, 사람들은 그 고백의 용기에서 신뢰를 감지한다. 신뢰는 여기서 시작된다. '모르는 것을 말할 수 있는 리더'만이 배움을 시작할 수 있기 때문이다.

그렇다고 이들의 열림이 무경계를 의미하는 것이 아니다. 열린전문가 리더에의 열림은 얻으려면, 투명성이 필요하다. 열린전문가 리더에게 보고할 때에는 근거 자료의 경우 데이터의 출처, 정의, 수집 방식, 한계 및 대안 등이 포함된 한 장의 서브데이터를 포함하거나, 보고서

내용에 포함하는 것이 좋다. 이 한 장은 공격의 표적이 아니라, 새로운 토론의 출발점이 될 것이다. 그들은 반대를 기꺼이 초대한다.

또한 전체 의견의 합의를 위해 가장 다른 견해를 가진 사람에게 먼저 마이크를 건넨다. 결국 이들에게 반대는 의견이 아니라 구조다. 이 과정에서 가장 중요한 것은 사실과 논리, 가치의 충돌과 합의가 건강한 구조를 갖추면, 토론은 감정보다 근거로 움직이도록 리더가 주도해야 한다. 그제서야 팀은 강해진다.

열린전문가 리더는 자칫 결론을 늦추는 것처럼 보이지만, 사실은 결론을 여러가지로 다르게 만든다. 또한 이들 나름대로 데드라인이 존재한다. 예를들어 새로운 아이디어를 위한 브레인스토밍은 48시간 안에 도출 가능한 결론 등 그만의 표준이 존재한다. 해당 유형의 리더십이 더욱 발전적이 되려면 되려 완결된 답 대신 다음 문제를 제시하고, 그렇게 작은 실험과 작은 실패가 쌓여, 큰 실패를 막고 성공 가능성을 높이는 전략을 채택하는 것도 좋다.

이와 같은 흐름은 열린전문가 유형 리더의 의사결정 피로를 크게 줄일 수 있다. 반대로 해당 리더를 대하는 구성원들은 리더의 끝없는 질문의 함정을 벗어나고 싶어하는 욕구와 불만이 생길 수 있다. 이 경우 질문의 폭과 깊이를 미리 설계할 수 있다면 금상첨화다. 탐색 질문(무엇/왜/어떻게)과 수렴 질문(누가/언제/얼마나)을 적절히 분배하는 것이 이들 유형의 커뮤니케이션 성공 요인이 된다.

열린전문가의 강점은 무엇보다 수용성과 학습 속도다. 이와 같은 리더의 역량을 기반으로 구성원들을 포함한 주요 이해관계자들은 리더가 보여주는 과정의 투명성 덕분에 결과에 동의할 가능성이 높아진다. 그러나 이 강점도 자칫 오해되기 쉽다. 끝없는 대화와 질문은 자칫 구성원의 사고 마비 현상을 초래하기에 사전에 설계하는 것이 좋으며, 인지확산적인 대화 과정에서 열린전문가 리더가 제시하는 지식, 정보의 경계가 중심에서 멀어지거나 모호해 보일 수 있다.

이를 예방하기 위해서는 의사결정 캔버스는 한 페이지를 넘지 않도록 하며, 결론은 한 줄로 시작하는 것이 좋다. 또한 사람을 대하는 성숙한 열린전문가의 방식은 '경청의 설계'다. 경청은 침묵이 아니라 질문이다. 이와 같은 질문을 리더도 좋지만, 서로가 주고받는 리뷰 문화를 설계하면 좋다. 비판의 축제가 아니라 학습의 절차다. 실패 보고는 원인 찾기를 넘어 가정·실험·교정의 구조를 재사용 가능한 템플릿으로 남긴다. 팀의 지성은 대화가 아닌 문서에서 자란다.

● **신뢰형-핵심활용가**(Corner Weaver)의 전략 대시보드에는 지난 분기의 '불변하는 사실(ex 실적 등)'과 이번 분기의 '가변 선택(ex 미지의 전략)'이 동시에 붙는다. 앞선 기준수호자 또는 열린전문가 성향의 리더가 대내외 변화 적응 과정에서 반대되는 전략과 마주하며 진화하며, 다양한 조직과 환경에 대한 경험으로 자연스럽게 발현되는 경우가 많다.

그들의 일관성은 불변을 지키는 힘(기준)과 유연성(열려있는)은 의사결정 대상과 우선순위에 따른 전략적 결단과 선택적 개방 형태를 가지고 있다. 즉 '언제, 무엇을' 할지 정하는 타이밍 감각이 탁월하다. 핵심활용가 유형의 리더들의 대부분은 의외로 시니어 리더들이 많다. 또한 이들은 변화를 두려워하지 않으며, 반대로 변화를 설계한다. 불변의 현실과 가변성에 대한 예측력, 일관성과 유연성. 이 상반되어 보이는 두 축을 직조하는 솜씨가 이들의 성과를 창출해낸다.

핵심활용가 리더는 시각적 인터페이스를 사랑한다. 문제들을 구조화 하는데 능하며, 새로운 기능과 기존의 기능 사이, 팀과 팀 간의 사이, 조직과 파트너 사이를 능숙하게 넘나든다. 문서화된 전달 능력 뿐만 아니라 대면 커뮤니케이션 역량도 탁월하다. 특히나 선택적 개방은 이들의 주특기다. 모든 문을 열지 않으면서, 동시에 모든 문을 닫지도 않는다. 정보는 넓게, 결론은 얕게, 책임은 명확하게. 이 간단하지만 실천하기 어려운 행동들은 새로운 변화에 대한 마찰을 줄인다.

또 한가지 강점은 이들의 회복탄력성과 적응력이다. 이들은 변화가 잦아도 일의 리듬이 무너지지 않는다. 어느정도 인터페이스가 표준화되어 있어, 조직은 바뀌어도 전혀 어수선해지지 않는다. 그러나 함정이 있다. 핵심에 대한 정의와 역할이 차상위 리더와 어긋나는 경우, 특히 차상위 리더십이 미성숙한 경우 이들 유형은 더 큰 좌절에 부딪친다. 때로는 속을 모르겠다는 이야기를 들을 수도 있다.

핵심활용가 리더는 일시적으로 발현될 수도 있고, 다시 과거로 회귀하는 경우도 적지 않다. 특히 팔로워들과의 갈등이 경계선에 다다르는 경우, 또는 업무의 경계가 불선명하여 불필요한 갈등이 파생되는 경우가 존재한다. 핵심활용가 리더들은 더할 나위없이 완벽해보이나, 그만큼 많은 위로든 아래로든 높은 수준의 기대치에 부합해야 한다는 부담을 짊어져야 한다. 그렇기에 이를 지속하기 어려운 리더십 유형 중 하나이다.

이를 방지하기 위해 소속된 조직이나 주변의 사람을 바꾸기보다 스스로 경계를 바꾸는 것이 성숙한 전략이 될 수 있다. 핵심활용가 유형을 오래 유지하는 리더들은 경계를 조절하는데 능하다. 이들의 능숙함이란 조직에서 부여된 목표, 리더로서의 역할 등의 정의와 결계(최소한의 행동)을 필요한 경우 주도적으로 설득하고 바꿀 수 있는 능력을 의미한다.

다른 유형의 리더들과의 조합에서 그들은 훌륭한 균형추이자 기준자가 될 수 있다. 만약 기준수호자의 선명함과 결합하면 코어의 경계가 한층 또렷해질 것이고, 열린전문가의 투명성과 결합하면 전환의 근거와 지표가 더 큰 설득력을 얻을 수 있을 것이다. 영향력에 따른 구분으로 보자면 권위형 리더(신속집행자, 자율형코치, 균형결정자)들의 실행력과 만날 때 일종의 성장 서클, 속도의 구조를 만들 수 있는 이상적 환경이 조성된다. 다만, 동시에 권위형 리더들과의 관계적 충돌과 부딪칠 경우 리더십의 색깔이 바뀌거나, 핵심 활용가로서의 리더십이 온전히 발휘되지 못할 수도 있다.

매력형 리더:
몰입추진가, 신뢰연결자, 친근설득가

매력형 리더(몰입추진가, 신뢰연결자, 친근설득가)
: '우리'의 에너지를 점화해, 한 방향으로 모은다

매력형 리더십은 "동일시"의 메커니즘과 깊이 연결되어 있다. 이들 유형의 구성원이 자신의 리더를 따르는 이유는 리더, 혹은 리더가 상징하는 정체성에 자신을 부분적으로 동일시하기 때문이며, 그 결과 집단의 목적이 곧 개인의 자부심과 연결되기 때문이다. 매력형 리더의 핵심 자산은 개인의 매혹적 퍼포먼스가 아니라, '정체성의 설계자'로서 집단의 의미를 설득력 있게 정의하고, 가까운 거리에서 감정·상징·서사를 통해 몰입을 조직하는 능력이다.

매력은 충분히 구조화될 수 있다. 이들 유형은 자신도 모르게 과거와 현재, 미래의 선을 잇는 '내러티브 전략'을 사용하는 경향이 있으며, 이를 통해 팀의 일이 왜 중요하고 지금이 왜 때인지에 답하는 경우가 많다. 또한 일부 매력형 리더들은 전략적으로 상징을 설계하여 팀과 조직의 목표를 단문적인 슬로건과 시각적 메타포로 정박시켜 기억 가능성을 높이는 기술에 능하다. 구성원 육성 측면에서는 작은 성공을 의도적으로 만들고, 승리-의미-감사의 순환을 빠르게 체험시키기도 한다.

다만 흑 리더십의 경우 주변부의 목소리가 중심부를 흔들 수 없는 안전한 무대를 선호한다. 그렇기에 이들은 자신의 카리스마로 내부 결속을 높이기 위해 통솔한다. 반면 백 리더십은 리더 개인적 매력보다 조직된 감정 에너지를 선호한다. 즉, 친근한 분위기를 만들어 구성원들의 참여와 자율성을 높이고, 이 과정에서 다양성을 통합하는데 능숙하다. 필요에 따라 이들 유형은 외부 네트워킹도 적극적으로 활용한다.

흑백 유형 구분 없이 이들 매력형 리더의 주요한 장면은 세 갈래로 관찰된다. 우선 몰입을 높이고, 업무를 추진하는 과정에서 과업보다 사람을 중요시 한다. 다만 흑 리더들은 이 과정에서 필요한 핵심 멤버를, 백 리더는 전 멤버의 조합을 중시하는 차이를 보인다. 하지만 공통적으로 침묵하거나 소수인 의견들을 우선 호출해, 다양성을 성과 변수로 전환하는 노력을 보인다. 공식이든 비공식이든 이들 리더 유형은 네트워킹에 강하다. 정보의 간극을 줄이고 저항의 감정을 일찍 포착하고, 사람-의미-속도의 밸런스를 맞추는데 능하다.

매력형 리더의 강점은 분명하다. 우선, 팀의 에너지가 증폭된다. 흑이든 백이든 동일시가 형성되면 자발적 노력과 상호 격려가 증가한다. 또한 불확실기에도 서사가 방향성을 유지시켜 동요를 완충하는 효과가 있다. 또한 이 리더의 구성원들의 감정적 몰입은 초기의 마찰을 넘어서면 추진력과 가속을 제공한다. 반면 리스크도 분명하다. 리더의 부재 또는 변경 시 구성원들의 심리적 변화가 가장 큰 유형이다.

만약 리더와 조직의 상징이 과도하게 겹치는 경우, 리더 부재 시 구성원들의 업무 동력이 급락할 수 있다. 가끔 속도와 열정이 절차와 검증을 압도해 예상치 못한 리스크와 마주하거나 의사결정의 질이 떨어질 수 있다. 마지막으로 동조 편향 현상이 관찰될 수 있다. 이는 동일시가 이견을 억누르는 위험한 문화로 변질될 위험이 있다. 특히 흑 리더십의 경우 이러한 편향을 리더 스스로가 경계할 필요가 있다.

리더 육성 측면에서 매력형 리더는 행동으로 끌어들이는 설계를 의도적으로 수립하고, 실행하는 습관을 가지면 좋다. 구성원들의 참여는 리더의 권한이 아니다. 구성원들의 경험 설계이다. 특히 성과만 강조할 때 생기는 구성원들의 소진을 막는데 특히 신경쓸 필요가 있다. 이들 유형은 자기개발 측면에서는 독불장군의 특성을 가진다. 매력형 리더들은 다른 유형의 리더들보다 철저한 자기관리에 능하다. 개인의 패션, 건강관리에 철저한 편이며, 필요한 학습은 스스로 한다.

그렇기에 이들 유형들은 획일화된 교육 과정보다 그들이 필요하는 교육과 세미나, 외부 기회에 스스로 참여하도록 유도하는 것이

보다 효과적이다. 다른 리더 유형과의 접점에서 매력형 리더들은 신뢰형 리더들의 기준으로 열정의 난류를 정돈하고, 권위형 리더의 실행 중심의 '속도와 구조'를 참고한다면 도움이 된다.

○ **매력형-몰입추진가(Charge Driver)**는 목표는 숫자로, 마감은 칼같이 준수한다. 리더의 강력한 카리스마로 한데 묶인 결속력은 내부 핵심 멤버의 관리와 육성, 내부 이해관계자와의 네트워킹을 통해 단단하게 만들어낸다. 몰입추진가 리더의 방은 항상 긴장감으로 가득 차 있다. 그(그녀)는 목표를 추상적 언어가 아닌 명확한 숫자와 기한으로 선언한다. "다음 달 매출 1억 달성", "오늘 5건의 미팅 완결" 같은 가시적 지표가 팀 전원을 자극하는 출발점이 된다.

한계가 흐릿한 마감이나 양보 없는 일처리는 이 리더의 본능과 같다. 이는 구성원에게 일종의 집중 신호이자, 도전의식과 몰입을 불러일으키는 동력이다. 혹 리더십의 본질은 개인의 카리스마다. 몰입추진가는 강한 존재감, 확신에 찬 언어, 동적인 몸짓으로 사람들의 시선을 압도한다. 이러한 카리스마는 동료들로 하여금 리더의 리듬에 따르게 만들고, 심지어 그 열정이 전염되듯 구성원의 몰입을 유발한다. 실질적으로 이들이 제시하는 비전은 공식 문서보다 '사람 대 사람'의 영향력에서 더 빠르고 깊게 각인된다.

몰입추진가는 반드시 집단 내부의 핵심 멤버와의 우호적이고 전략적인 관계를 선결한다. 누구와 손잡아야 속도가 나오는지, 어떤 멤버가 언제 돌파구가 되는지를 정확히 안다. 회의장 밖에서도 '필요한 순간, 필요한 사람'에게 빠르고 정확하게 신호를 보내고, 이들의 잠재력을 극대화한다. 이러한 네트워킹 능력은 소수 정예를 빠르게 조직의 핵으로 끌어올리며, 리더와 조직의 운명 공동체적 결속을 강화한다.

몰입추진가가 지닌 또 다른 힘은 몰입의 리듬을 구조화하는 데 있다. 조직 초반에는 단기 '작은 승리' 설계로 팀의 자신감과 성취감을 빠르게 폭증시킨다. 스탠드업 미팅, 칸반보드 시각화, '오늘 누구의 활약이 전환점이었는가'와 같은 일상적 감정 피드백을 통해 몰입 에너지가 끊임없이 증폭되고 구조화된다. 이때 리더의 감정조절(분노 아닌 안정, 예측가능한 언어)은 내부 네트워크 전체로 확산되어 몰입의 깊이를 향상시킨다.

몰입추진가는 에너지 증폭자이자 집단 촉진자다. 이들의 개인 매력과 네트워킹은 내부 소통 효율을 급속히 높인다. 외부 변동성도 카리스마적 내러티브와 리듬으로 흡수하며 성과를 만든다. 그러나, 핵심 인맥 중심의 네트워킹과 리더 개인에게 의존도가 상승할수록 새로운 아이디어 유입 저해와 피로·소진 burn-out, 리더 부재 시 몰입 단절 등 리스크도 동반된다.

이러한 한계를 보완하기 위해 몰입추진가는 온전히 '사람'에만 기대지 않고, 반복 루틴(정례적인 시연, 공식적 반대 의견 청취 등)을 내부 시스템으로 전환한다. 이때 리더의 카리스마, 네트워킹, 통솔력을 바탕으로 한 강력한 몰입 에너지는 곧 조직의 문화이자 자산으로 승화된다.

○ **매력형-신뢰연결자**(Trust Connector)의 회의는 시작부터 남다르다. 그(그녀)는 높은 친근감을 바탕으로 우리가 잘 보지 못했던 '침묵의 사람'에게 먼저 다가가고, 그 존재감 자체가 팀의 심리적 안전망을 만든다. 참여란 단순히 말을 많이 하게 만드는 것이 아니라, 각자의 타이밍에 맞는 '발언의 권리'를 설계하는 것이다. 신뢰 연결자는 특히 속도나 통솔보다, 느림과 다름에 주목한다. 즉, 말이 느린 사람, 조용한 사람, 가장 반대하는 사람을 먼저 호출하며, 소수의 의견을 존중하는 분위기를 의도적으로 만들고 유지한다. 공감은 동의의 전제가 아니다. 신뢰 연결자는 동료의 생각이나 감정에 섣불리 해석을 붙이지 않는다. '해석의 지연'은 새로운 해석을 가능하게 하며, 동료가 안전하게 자신을 드러낼 수 있도록 한다. 회의의 주된 장면에서 그(그녀)는 사전 설문, 익명 메모, 라운드로빈, 1분 정리 등 다양한 참여 장치를 활용한다. 이런 장치는 팀의 감정적 마찰을 부드럽게 만들고, 누구나 이견을 테이블 위로 올릴 수 있는 조직 환경을 정착시킨다.

신뢰 연결자에게 발언의 기회는 단순한 권한이 아니라 적극적으로 설계된 '등가교환'이다. 누가 먼저, 얼마나 말하는지보다, 각자의 목소리가 서로를 존중하며 나누어진다는 경험을 중요시한다. 이를 통해 '이 방에서는 침묵도 자원'임을 팀이 직접 받아들인다. 집단 내 소수 데이터가 다수의 결정을 바꿀 수 있다는 점은, 신뢰 연결자가 의도적으로 강조하는 혁신의 시작이다.

신뢰 연결자는 '다양성은 결론의 적'이라는 고정관념을 거부한다. 본질적으로 더 나은 결론, 더 강한 성과는 결론 전 이견의 공존에서 자라난다고 믿는다. 그(그녀)는 회의에서 소모되는 '초기 마찰'을 혁신의 자양분으로 활용하고, 결론에 앞서 다양한 관점의 충돌이 집단사고를 줄이며, 혁신적 아이디어와 더 나은 해결책을 유도할 수 있다는 경험을 쌓는다.

신뢰 연결자의 리더십은 내부 조직 통합을 넘어서 외부 네트워크의 구축과 활용에 방점을 둔다. 이들은 내부만 바라보는 리더가 아니라, 외부 이해관계자와의 신뢰 기반 관계를 확대·조직화하여 팀과 조직에 필요한 자원, 정보, 협력 기회를 빠르게 유입시킨다. 위기 상황에서는 내부의 역량만으로 해결하려 하지 않고, 외부 자산과 네트워크를 더욱 적극적으로 동원한다. 이는 변화와 혼돈이 일상화된 시대에, 단단한 네트워크 덕분에 더 빠르고 전략적으로 조직이 대응할 수 있음을 의미한다.

신뢰 연결자의 강점은 결속력과 혁신력이다. 그(그녀)는 소통이 활성화된 조직, 다양성이 뿌리내린 조직에서 더욱 강한 실험적 변화와 창의적 문제 해결을 이끈다. 의견 표출이 자유로울수록, 집단의 신뢰지수는 높아지고, 팀의 최종 성과는 뛰어난 품질로 이어진다. 또한 외부 네트워크를 통해 비공식적 신호, 시장의 기미, 새로운 동향을 빠르게 포착해 조직 내부에 안전하고 효과적으로 이식해낸다.

하지만 신뢰 연결자의 약점 역시 분명하다. 모두의 목소리를 듣는 과정에서 '끝없는 합의'와 '책임의 증발' 리스크가 따를 수 있다. 의사결정이 지연되고, 최종 주인이 없는 결과물이 탄생할 위험이 있다. 이를 극복하기 위해 신뢰 연결자는 참여의 등가교환 뒤에 '결정의 소유권'을 명확히 설계한다. 듣는 것은 모두가, 결정은 한 사람이 책임진다는 원칙을 분명히 하며, 혁신과 결속의 균형을 잡는다.

성공한 신뢰 연결자 리더는 사티아 나델라^{MS CEO}처럼 수백 명을 직접 만나 경청하고, 공감 기반 리더십으로 조직을 재설계한 실제 사례에서 그 강점이 확연히 드러난다. 익명 의견 수렴, 적극적 외부 협력, 다양한 배경 인재 선발 등은 글로벌 기업의 성장과정에서도 반복되고 있다. 신뢰 연결자의 힘은 작은 소통 규칙, 적극적 참여, 확실한 책임과 외부 네트워크가 조화를 이룰 때 조직 전체가 지속적으로 혁신할 수 있음을 보여준다.

○ **매력형-친근설득가**(Edge Navigator)는 공식 문서나 보고서에 드러나지 않는 조직 내외부의 미묘한 정보와 분위기를 '가장자리^{Edge}'에서 발 빠르게 포착한다. 복도에서 나누는 짧은 대화, 표정과 말투, 작은 제스처에서 미래 리스크나 기회를 감지하며, 정보의 흐름을 지속적으로 재탐색해 경로를 수정한다. 그의 설득력은 논리 위에 '상대 언어로 시작하는 설명'과 최적의 타이밍, 상황 설정이라는 섬세한 예술이 더해져 완성된다.

매일 아침 친근설득가는 '정보의 산책'을 한다. 팀 곳곳의 허브를 돌며 짧은 대화를 나누고, 겉으로 드러난 말보다 맥락과 감정을 듣는다. 강압적이지 않고 자연스러운 접근이 강점이다. 중요한 회의 전에는 영향력 있는 핵심 인물들과 사전 예열 대화를 나눠 방향과 우려를 조율한다. 이를 통해 공식 회의는 이미 '결정의 절반'이 진행된 상태가 된다. 이런 사전 설계가 설득력의 절반 이상을 차지한다.

친근설득가는 상대방의 언어, 문장으로 설득을 시작한다. "당신이 어제 말한 그 포인트가 바로 이번 결정의 핵심입니다"와 같은 표현은 수용성과 동참을 높인다. 비공식 채널은 그에게 굳건한 신뢰의 네트워크다. 여기서 흘러나오는 루머는 정보로, 불만은 개선으로 전환된다. 이 과정에서 그(그녀)는 민첩성을 발휘해 계획과 전략을 유연하게 재설계하며 팀에도 '변화가 실패가 아닌 학습 방법'임을 설득한다.

친근설득가의 통솔력은 '강압적 통제'가 아니라 전략적 유도다. 그(그녀)는 내외부 네트워킹을 개방적으로 구사하여 필요한 곳에 적확한 시그널을 보내고, 팀을 '한 방향으로' 자연스럽게 모은다. 개별 구성원과 이해관계자 사이 다양한 의견이 수렴되면서도, 전체 방향은 흔들리지 않는다. 친근함과 카리스마가 어우러져 팀원들의 자율과 참여, 책임감을 동시에 이끌어내는 균형잡힌 리더십을 실현한다.

그러나 비공식 채널의 과다 사용과 미묘한 '객실 정치' 현상은 리더에게 관리 부담으로 작용한다. 친근 설득가는 이를 기록과 공식 공개로 투명하게 관리한다. 모든 비공식 논의는 공식 문서로 정리되어 투명한 의사소통과 책임 소재를 보장한다. 또한, 섬세한 설득 기술이 결정을 늦추는 딜레마에 빠지지 않도록, '동의 최대화'보다 '저항 최소화'를 핵심 목표로 삼아 적절한 시점에 과감한 실행에 나선다.

친근설득가가 조직에 미치는 영향은 다면적이다. 그(그녀)는 조직 내 의사소통의 '온도'를 조절하고, 내외부 네트워크를 연계해 조직의 민첩성을 높인다. 동시에 설득과 예열로 구성원들이 변화에 자연스럽게 참여하도록 이끈다. 이는 복잡한 이해관계 조율과 빠른 실행이 요구되는 현대 조직에서 매우 중요한 리더십 역량이며, 전략적 조직문화 혁신의 핵심에 자리한다.

권위형 리더:
신속집행자, 자율형코치, 균형결정자

권위형 리더는 시간과 책임의 경계를 명확히 하여, 실행을 완수한다

권위형 리더십은 순응/동조 Compliance 의 메커니즘과 닿아 있다. 구성원은 보상이나 제재·규범적 기대와 같은 외적 조건을 인식하여 행동을 조정한다. 그러나 현대적 권위형 리더의 목표는 단순한 복종이 아니다. '책임의 분명화'와 '실행의 가속'을 통해 위험을 통제하고 약속을 지키는 것이다. 즉, 여기서 말하는 권위는 사람을 누르는 힘이 아니라 '시간·품질·위험'에 대한 경계를 세우는 현대적 기술이다.

그렇기에 흑 리더십의 경우 리더 스스로 롤 모델이 되기 위해 부단한 노력을 기울이며, 백 리더십의 경우 수많은 인내와 기다림의 순간과 기꺼이 마주한다. 흑백리더 유형 구분없이 권위형 리더들은 공통적으로 속도와 방향성을 중요하게 생각한다. 다만, 세부 방법이 지시와 감시 vs 방향설정과 동기부여로 나뉠 뿐이다. 백 리더라 할지라도 기다림이 마냥 반갑지는 않다. 그렇기에 리더 초기에는 권위-백 리더(자율형코치)이다, 권위-흑 리더(신속집행자)로 변모하는 경우를 자주 마주할 수 있다.

권위형 리더의 핵심 특성은 세 가지이다. 우선 이들 유형은 신속한 행동, 집행을 선호한다. 그렇기에 누가-무엇을-언제까지를 세 문장으로 못 박고, 첫 단추를 스스로 끼우며, 장애물 제거에 시간을 절반 이상 쓰는 경우가 많다. 다음으로 코칭에 능한 편이다. 목표는 리더가 명확히 제시하되 방법은 팀이 설계하게 하고, 질문을 통해 사고의 프레임을 확장하려는 경향이 있다. 그렇기에 리더가 거시적인 목표를 제시하고, 구성원들이 세부 계획을 수립하는 경우가 많다.

마지막으로 팀 뿐만 아니라 조직을 위한 최적의 선택을 모색하려 노력한다. 주요한 이해관계자의 특징, 언행부터 외부 리스크까지 이들은 거시적 측면에서의 리스크 발행 가능성과 파급력, 그리고 대안을 도출하는데 능하다. 또한 의사결정을 단순화하며, 구성원들의 보고 역시 단순하고 명확하기를 선호한다. 이처럼 권위형이라 해서 명령하고 감시하는 형태가 아닌 리더의 결정, 지원, 책임의 연쇄로 리더십이 구현된다.

이들 유형의 강점은 명료하다. 어떤 형태든 실행이 확실하다. 목표와 역할, 기한이 명확하고 이를 달성하려는 의지가 강해 결과 도달

가능성이 높다. 또한 유형 점수가 높은 리더의 경우 업무 속도를 저해하는 병목 제거와 의사결정의 단순화로 리드타임을 줄이는데 천부적인 재능을 가지고 있다. 또한 위기 대응력이 강하다. 권위형 리더들이 경험으로 쌓아올린 본능적 경계와 개인적인 규율이 비상시 혼란을 방지하는데 도움이 된다.

물론 리스크 또한 존재한다. 우선 아이러니하게도 구성원들의 속도가 되려 저해될 가능성이 높다. 세 개의 유형 중 이들 유형은 명분에 가장 집중한다. 구성원이 제시하는 'Why'의 공유나 근거가 부족하다면 이들 리더는 받아들이지 않는다. 다음으로 구성원의 창의력이 억제될 수 있다. 지나친 표준화는 탐색적 시도를 위축시킨다. 또한 이들 리더에 대한 높은 의존성을 가진 구조에서 구성원들의 상향식 판단 능력이 성장하지 않으면 구성원들의 기능 저하가 발생할 수 있다.

리더 육성 측면에서 권위형 리더는 책임감의 경계를 훈련하는 것이 좋다. 즉, 업무 결과와 범위, 경계(넘지 말아야 할 선)를 끊임없이 고민하고, 회의 시 보고 그 자체보다 장애물 제거와 리스크 관리에 보다 신경 쓸 필요가 있다. 피드백은 객관적인 사실 중심으로 하되, 흑 리더의 경우 조금 더 애자일하고 수평적인 커뮤니케이션 방식을, 반대로 백 리더의 경우 주관적 대화 비중을 감소시키는 노력이 필요하다.

권위형 리더의 핵심 무기이자 생명이 커뮤니케이션 역량이기 때문이다. 업무 위임에 대해 결과 책임은 리더가, 방법 결정은 담당자가 세운다는 원칙은 지키되, 구성원의 개별 역량과 업무의 위험도에 따라 스펙트럼을 조정하는 훈련이 필요하다. 이와 같은 역량 개발은 다양한 조직에서의 경험에서 자연스럽게 습득할 수 있기에, 인사담당자는 CDP 설계 시 이점을 참고하면 도움이 될 것이다.

다른 리더와의 접점에서 권위형은 신뢰형 리더들이 세운 원칙과 일하는 방식을 참고하면 많은 도움이 되고, 매력형 리더가 가진 에너지와는 좋은 쪽이든, 나쁜 쪽이든 함께 시너지가 난다는 점을 기억하면 좋다. 권위형의 핵심은 리듬 관리이다. 리더 개인의 인지적 에너지가 많이 투입되는 유형으로, 개인 건강과 멘탈 관리에 특히 힘쓸 필요가 있다.

또한 우선 순위를 분명하게 세우고 구성원들에게 명확하게 공유하는 것이 도움이 된다. 이는 물론 다른 유형의 리더들에게도 중요한 내용이겠으나, 특히 해당 유형의 권위는 무게가 아니라 구성원들에게 '예측 가능한 질서'로 체감되어야 가장 효과적인 리더십과 영향력을 발휘할 수 있음을 기억해야 할 것이다.

◐ **권위형-신속집행자**(Command Runner)는 명확한 책임과 속도로 조직을 움직이는 권위형 리더이다. 이들은 실행의 첫 단추를 스스로 끼운다. 신속집행자는 실행의 시작점에서 스스로 '첫 단추'를 끼우는 리더다. "누가-무엇을-언제까지"를 세 문장의 명확한 언어로 고정시키고, 이를 통해 조직 전체의 움직임을 견인한다.

많은 결정 지연 또는 정체의 원인은 정보 부족이 아니라 '책임 소재의 불명확성'에 있다는 판단하에, 그(그녀)는 책임의 경계를 가장 먼저 그리고 분명하게 설정한다. 업무가 어디서 시작되고 어디서 끝나는지, 실패하면 어떤 절차로 복구하는지가 명료해지면, 구성원들의 주저함은 빠르게 해소된다. 이렇게 명확한 책임 선이 속도의 핵심 밑바닥이 된다. 또한 단호하지만 간결한 커뮤니케이션을 선호한다.

하루 일과에서 신속집행자의 장면들은 강렬하다. 아침 9시 10분 브리핑에서 그(그녀)는 오늘 해야 할 '세 가지 업무'를 팀원들에게 간결하고 분병하게 전달한다. 예를 들어 "A 기능 베타 릴리즈, 고객 대응 백로그 12건 소거, 인프라 장애 원인 재현" 같은 명확한 목표가 제시된다. 각 업무는 담당자 두 명과 마감 시간 하나로 엄격히 관리된다.

점심 시간 전에는 리더 본인이 직접 장애 재현 스크립트를 돌리고 첫 기록을 남긴다. 오후에는 병목 제거를 위한 20분 회의를 주도하며, "무엇이 막고 있고 내가 무엇을 제거할 수 있는가"에 집중한다. 결국 그(그녀)는 '보고'보다 '장애물 제거'에 무게를 둔다. 저녁 5분 데브노트에서는 오늘 배운 점과 내일 개선 계획을 공유하며 속도를 기록과 함께 유지한다.

신속집행자가 가진 강점은 명확한 책임과 결과 도달 가능성, 그리고 리드 타임 단축에 있다. 업무의 역할과 기한이 명확하기 때문에 구성원들은 자신의 과제를 밀도 있게 수행한다. 또한 의사결정 과정의 단수화와 병목 제거에 탁월해 조직 내 흐름이 빠르다. 위기 상황에서는 엄격한 규율과 절차가 혼란을 누르고 불확실성을 줄여준다.

이러한 일관된 실행은 조직의 안정성과 신뢰를 동시에 높인다.

그러나 신속집행자의 권위는 명확한 한계도 드러낸다. 절차와 규칙의 과도한 표준화는 새로운 탐색적 시도를 위축시키는 요인으로 작용할 위험이 있다. 빠른 결정이 늘 최선이 아니며, 때로는 구성원의 학습과 성장 속도를 따라가지 못한다. 무엇보다도 리더 중심의 속도와 리듬이 구축되면, 리더가 부재할 때 조직은 급격히 힘을 잃을 수 있다. 이것이 신속집행자 리더십의 그림자다.

신속집행자는 "명확한 책임 경계-일관된 실행-간결한 커뮤니케이션-절차 반복-속도와 위기 대응"의 그랜드 디자인으로 조직을 지휘한다. 이들의 리더십은 빠른 실행이 필수인 조직에서 높은 성과를 창출하는 원천이며, 세밀한 보완 장치가 균형 잡힌 지속 가능성을 이끈다. 이와 같은 리더십이 더 큰 효과를 얻기 위해서는 구성원들에게 업무 지시의 배경과 의도, 그리고 성과를 평가할 지표(목표). 이렇게 3문장을 필수적으로 공유한다면 구성원들의 빠른 이해와 실행을 도울 수 있을 것이다.

또한 다소 의도적으로라도 매주 단 60분 만이라도 구성원 스스로 창의적인 탐색을 할 수 있는 기회를 제공해 자칫 업무 아이디어의 일원화, 편향화 될 수 있는 리스크를 사전에 방지하는 것도 좋다. 리더 주관의 회의보다는 팀 내 3인이 돌아가며 맡아 리더 의존도를 줄이는 것도 장기적인 구성원 역량개발을 위해 장려된다.

◐ **권위형-자율형코치(Enable Coach)**는 조직 내 자율성을 촉진하는 촉진자다. 그(그녀)는 분명한 목표를 제시하는 것에서부터 출발하지만, 그 목표를 어떻게 달성할지는 팀과 구성원들에게 묻는다. "사람이 스스로 결정할 때 가장 빠르고 효과적이다"는 신념을 토대로, 스스로 방법을 찾아 실행하도록 이끈다. 단, 자율은 방임이 아니다. '책임 있는 자유'를 추구하며, 그래서 명확한 경계 설정이 필수적이다.

그 경계는 결과, 범위, 금지선으로 구분되어, 구성원들에게 '자유 안의 책임'이라는 안전망을 제공한다. 자율형코치의 일상은 '질문'으로 가득하다. 월요일 오전 미팅 세션에서 "이번 분기의 결과는 무엇인가? 결과를 측정할 지표는 무엇인가? 결과를 가로막는 가장 큰 장애는 무엇인가?"로부터 일주일 계획이 시작된다. 이 질문들은 팀의 초점을 맞추고, 실행 전략을 함께 설계하게 한다.

자율형코치는 리더와 구성원간 일종의 신뢰 계약 체결을 중시한다. 단순히 자율을 허용하는 것이 아니라, '책임 있는 자유'를 가능케 하는 체계적 계약을 만든다. 이 계약에는(보통은 무형의) 역할 정의서(결과, 범위, 경계에 대한 명확한 서술), 결정 권한(책임과 권한의 분배를 명확히 하는, 결정권의 범위), 신뢰 한도(작은 실패를 허용하는 한도 설정), 코칭 계약(1on1 시기, 정기/비정기적 티타임, 기대 결과 등)이 포함돼 있다. 이 구조 덕분에 자율적 결정과 책임이 균형을 이루며, 구성원들은 더 큰 신뢰와 자신감을 획득한다.

자율형코치의 가장 큰 강점은 구성원이 자신의 업무에 대한 '소유감'을 갖도록 돕는 데 있다. 수동적으로 지시를 기다리는 태도가 아니라, 스스로 문제를 인식하고 직접 해결책을 모색하는 습관을 팀에 정착시킨다. 이러한 과정은 개인과 팀의 문제해결 역량을 키우고, 궁극적으로 조직 전체의 지속 가능한 성장을 견인한다. 더불어, 구성원이 자율적으로 움직이면서 책임을 다하는 문화가 활성화되어, 리더에게만 의존하지 않는 강한 팀으로 진화한다.

아무리 탁월한 자율형코치라도 리스크는 존재한다. 경계가 흐려지면 '책임 증발' 현상이 일어나고, 구성원이 자율 속에서 책임을 회피할 수 있다. 자유가 지나치면 협업과 의사소통이 길어지고 의사결정 속도가 떨어지는 경우도 있다. 게다가 코칭 자체가 '조언 회피'나 '책임 전가'로 비칠 위험성도 상존한다. 따라서 코칭 세션에서 '핵심 질문'만 던지고 답은 스스로 찾도록 하는 균형 감각이 필요하다.

이러한 리스크 관리를 위해 자율형코치는 네 가지 도구를 적극적으로 운용하는 것이 좋다(보통은 무형의, 심리적 계약에 근거하지만, 명분화하는 것이 좋다). 첫째, 역할 정의서: 결과와 범위 및 경계를 명확히 서술해 혼란과 중복을 방지한다. 둘째, 결정 권한서: 책임과 권한의 분배를 시각화하고, 결정권 한계를 명확히 규정한다. 셋째, 신뢰 한도: '실패' 허용 구간을 설정해 혁신적 시도와 실패에 대한 두려움을 줄인다. 넷째, 코칭 계약: 코칭을 위한 구체적 시간과 기대 결과를 문서화해 코칭 효율을 높이고 혼선을 없앤다.

자율형코치는 단순한 지시자가 아니라 촉진자, 동기부여자, 파트너이다. 그(그녀)는 구성원이 스스로 성장할 수 있는 환경을 조성하고, 때로는 성장의 방향을 함께 설계하며, 지속적 피드백과 격려를 아끼지 않는다. 또한 자신의 성장에도 관심을 기울이며, 자기 관리와 경청의 중요성을 실천한다. 이러한 리더의 역할 변화는 직원 개개인의 역량을 극대화하는 동시에 조직 경쟁력 강화로 연결된다.

다양한 조직과 팀에서 자율형코치 리더십은 구성원의 몰입, 책임감, 팀워크를 획기적으로 개선하는 것으로 나타난다. 예를 들어 소프트웨어 개발팀에서는 팀원들이 스스로 목표 설정과 일정 관리를 하면서 프로젝트 성공률이 증가했고, 교육 및 연구 기관에서는 지속적 학습과 피드백 문화가 자리 잡아 혁신 성과가 두드러졌다. 실제 적용 시 유연성과 명확한 경계 설정, 그리고 신뢰 기반의 대화 구조가 성공 요인으로 꼽힌다.

성숙한 자율형코치는 "명확한 경계-강력한 질문-신뢰 계약-책임 기반 자율 촉진-지속 가능한 문제 해결 문화-섬세한 리스크 관리"의 복합적 리더십으로 현대 조직의 복잡성과 변화에 대응한다. 다만 마지막으로 기억해야 할 것은, 이와 같은 리더십 유형에는 권위가 반드시 필요하다.

여기서 권위는 리더의 말이 가지는 무게감을 의미한다. 자유롭게 일하되, 일한 결과에 대해서는 엄중히 구성원에게 책임을 물을 수 있는 방법과, 반대로 기대 이상의 성과를 달성했을 때에 조직과 개인차원에서 어떤 보상을 주어줄 수 있을지에 대한 전략 수립이 선행되지 않으면 자칫 해당 리더십은 그 진정한 빛을 잃어버릴 수 있다.

◐ **권위형-균형결정자**(Parity Closer)는 뛰어난 균형감과 판단력으로 조직의 미래를 열고, 닫는 권위형 리더이다. 균형결정자는 매 순간 저울을 든다. 조직이 직면한 수많은 선택지 앞에서, 그(그녀)는 '가능성', '파급력', '복구력' 세 가지 무게를 세심하게 잰다. 리더로서 그(그녀)의 가장 중요한 역할은 결국 '닫음(의사결정, Closing)'이다.

닫힘이란 독단적인 강압이 아니며, 조직 전진을 위한 구조적 결정의 완성이다. 열린 토론과 의견 교환은 필수이나, 논쟁의 끝에는 반드시 명확한 결말이 있어야 한다. 그(그녀)는 닫힘을 가능케 하는 체계로 리스크 테이블, 대안별 시나리오, 초기 경보 신호, 경계 가드레일을 설계하여 조직이 다음 단계를 착실히 밟도록 한다. 균형결정자의 판단은 데이터와 서사의 만남에서 탄생한다.

그(그녀)는 각 의사결정에서 선택지들을 세 줄로 압축해 제시한다. 이 세 줄은 기대 이익, 주요 리스크, 그리고 완화 계획으로 구성된다. 동시에 최초의 경보 지표를 설정하여 의사결정 이후 상황 변화를 신속히 포착한다. 예를 들어, "전환율이 2주 내 15% 미만이면 즉시 B안으로 전환한다"와 같은 조건부 닫힘은 조직에 '안전망과 속도'를 동시에 제공한다. 이는 경영진과 팀원 모두가 결정의 책임과 유연성을 이해하고 수용하게 한다.

균형결정자는 결단의 품질을 크게 중시한다. 모든 결정은 탄탄한 이유의 네트워크를 기반으로 하며, 실패의 경로와 대응책을 사전에 명확히 설계한다. 이는 실패를 충격적 사건이 아닌 예상 가능한 과정으로 만들어 손실을 줄인다. 더불어 그(그녀)는 정량적 데이터와 정성적 인사이트를 통합해 예측력을 강화하며, 변화의 징후를 조기에 감지하고 대처하는 역량을 갖춘다.

균형결정자의 조심스러움은 때때로 실행력의 제약으로 이어질 수 있다. 지나치게 신중하면 결정이 늦어지고, 중간 해법에 머무를 위험이 높다. 또한 복잡한 지표와 시나리오가 폭주하면 조직 내부 혼란과 결정 지연을 불러온다. 이를 극복하려 균형결정자는 강력한 '간결성 전략'을 구사한다. 그(그녀)는 결정 관련 문서를 1페이지 내외로 압축하며, 핵심 지표는 3개 이내로 제한, 시나리오 또한 2개로 줄인다. 이렇게 하여 충분하지만 과하지 않은 정보를 통해 빠르고 명확한 결정을 이끈다.

균형결정자는 커뮤니케이션에서 '방향 읽기'의 대가다. 단순히 일방향 혹은 다방향 소통을 넘어서, 조직 내외부에서 흘러나오는 다양한 신호를 종합해 최적의 소통 방식을 선택한다. 필요에 따라는 강력한 지시나 감시로 조직을 결집시키고, 때로는 동기부여와 방향설정을 미세하게 조율하여 조직 내 균형을 맞춘다. 이는 조직이 혼란 없이, 목표를 향해 일관되게 전진하도록 하는 결정적 역할을 한다.

균형결정자의 리더십은 특히 금융, 제조, 공공 부문과 같은 하이리스크 환경에서 빛을 발한다. 복잡하고 불확실한 상황 속에서도 빠르고 정확한 의사결정을 통해 조직 안정성과 경쟁력을 높인다. 리스크 테이블과 시나리오 계획은 현장의 예측 가능성을 증대시키고, 위기 대응을 촉진한다. 조직 내부에서는 명료한 닫힘의 기술 덕분에 중복 논쟁과 우유부단함 없이 신속히 전진한다.

균형결정자는 늘 리더십의 균형을 고민한다. 성과 압박과 인간 중심의 배려 사이에서, 실행의 속도와 조직원 참여 사이에서 균형 잡힌 판단과 역할 수행을 추구한다. 이는 조직이 장기적으로도 성과와 건강한 조직문화를 동시에 유지할 수 있게 하는 핵심 동력이다. 이런 균형 잡힌 리더십은 조직 내 신뢰를 쌓고, 지속 가능한 성장을 이끄는 밑바탕이 된다.

균형결정자는 "리스크 저울질—조건부 닫힘(조건부 의사결정, Conditional Closure)—데이터와 서사의 결합—간결성 전략—방향 읽기 커뮤니케이션—강력한 주도권 조율"의 복합적 리더십을 통해 불확실성과 갈등을 조율하며 조직을 견고히 이끈다.

리버시Reversi 리더가 되는 길

① 나의 현재 위치 진단하기

리더십 진단은 자신의 현 위치를 객관적으로 인식하는 것에서 출발한다. 우선, 흑백리더십 9가지 세부 유형 중 자신의 유형을 정확히 파악해야 한다. 이를 통해 자신의 리더십 특성과 행동 패턴을 명확히 인식한다. 그리고 이 과정에서 진단 결과의 정확도를 높이려면 360도 피드백, 동료 및 상사·부하 진단, 자기 평가, 그리고 실제 사례 분석을 모두 활용하는 것이 바람직하다. 가장 실용적이고 효과적인 방법인 리더와 리더를 잘 아는 구성원 2명의 진단결과를 함께 살펴보는 것이다. 왜냐하면 이와 같은 진단 도구는 단순한 분류를 넘어서, 각 유형 내에서 강점과 약점을 발견하고, 단기와 장기 개선 과제를 수립하는 것이 주 목적이다.

다음으로 흑백리더십 진단 결과에 기반해 '내가 현재 어떤 영향력을 갖고 있으며, 실행력은 어느 정도인지'를 분석한다. 그리고 진단의 목적과 기대 성과를 명확히 설정해 '왜 변화하고자 하는지'의 동기 부여를 강화해야 한다. 변화의 필요성이 없으면 이 흑백리더십 진단과 텍스트들은 단지 당신의 단기 기억에 저장되었다 휘발되어 사라질 것이다. 조금 더 구체적으로, 유형별 자기 인식 질문(예: 신뢰형이면 '나는 원칙을 얼마나 엄격히 지키고 있는가?', 매력형이면 '내가 조직 내에서 감정 에너지를 얼마나 잘 관리하는가?' 등)을 추가로 전달하면 개인적인 성찰의 깊이와 효과가 보다 깊어진다.

흑백 리더십에서 제시하는 '핵심활동가', '친근설득가', '균형결정자'는 각각 신뢰형, 매력형, 권위형 3대 유형 내에서 미래형 조직에 가장 이상적인 진화 형태. 리더십 스타일을 바꾸는 것은 정말 어려운 일이나, 동일 유형(ex 신뢰형) 내에서의 진화는 그리 어려운 일이 아니다. 또한 당장은 해당 리더십이 필요없을 수 있으나, 보다 확장된 리더십을 꿈꾸거나 현재의 리더십이 잘 발휘되지 않는다고 느낀다면 적극적인 검토가 필요하다.

또한 개인의 리더십 진단 결과뿐만 아니라 각자가 도달해야 할 '진화 포인트'를 함께 인식하는 것이 중요하다고 본다. 이를 기반으로 해당 유형 진화의 이점과 조심해야 할 리스크를 균형 있게 인지함으로써, 보다 효과적인 변화 관리가 가능해질 수 있기 때문이다.

리더십 진화 측면에서 리버시 유형(핵심활동가, 열린전문가, 균형결정자)의 특성은 다음과 같다. 우선 핵심활동가, 친근설득가, 균형결정자 유형은 각각 실천력, 소통과 통합, 결단력을 상징한다. 이 세 축은 각각 신뢰형, 매력형, 권위형 리더의 발전된 모습으로, 리더 개인과 조직이 지속가능한 성장을 이루는 원동력이다. 핵심활동가는 경직된 기준수호자에서 상황에 맞게 권위와 개방을 통합하는 '균형잡힌 권위자'로 성장한다. 친근설득가는 감정 몰입을 넘어서 참여 설계와 다양성 존중, 외부 네트워크 확장까지 조직화한다.

균형결정자는 신속집행자와 자율형코치의 상반점들을 통합해 '닫힘'과 '열림'이 균형을 이루는 조직 주도자로 자리매김한다. 이러한 진화 과정은 속도와 효율의 직선이나 단선이 아닌 '나선형 발전'임을 반드시 기억하며, 개인과 조직 환경에 맞춘 다음의 접목 전략 수립이 필요하다.

② 유형별 변화 전략

신뢰형 - 기준수호자 → 핵심활동가

기준수호자는 엄격한 원칙 수호와 명확한 기준 설정으로 조직 안정성을 보장하지만, 진화 과정에서는 변화와 유연성 확보에 주력해야 한다. 변화 전략은 '기준의 탄력적 적용'과 '기준과 권위 간 균형' 유지에 있다. 데이터 중심 판단과 동시에 사람 중심 소통을 강화해, 기준이 경직되지 않도록 조율한다.

실천 방안으로 '변화 적응 회의', '기준 평가 워크숍', '성과 기반 유연성 훈련'을 도입해 환경 변화에 따른 적시 대처 역량을 높인다. 뿐만 아니라, 비판적 사고를 촉진하여 새로운 아이디어를 수용하는 열린 문화를 확립한다.

신뢰형 - 열린전문가 → 핵심활동가

열린전문가는 전문성과 질문력을 바탕으로 조직 내 의견 조율에 강하지만, 진화 과정에서 실행력과 권위적 결정 능력 강화가 필요하다. 변화 전략은 '심층적 질문에서 실행 동력화'로, 투명성과 과학적 근거 위에 권위적 리더십을 결합한다.

실행을 위해 '질문 기반 의사결정 프로세스 정립', '데이터 기반 의사소통 스킬 향상', '논리와 권위 조화 교육'이 추천 된다. 권위와 개방성의 균형을 맞추어 조직 내 신뢰와 실행 간 간극을 메울 수 있을 것이다.

매력형 - 몰입추진가 → 친근설득가

몰입추진가는 목표 달성과 속도 중심의 강력한 통솔로 팀을 이끈다. 그러나 진화 과정에서는 구성원 개개인의 참여와 다양한 의견 수용 능력을 확장할 필요가 있다. 변화 전략은 '에너지의 조직적 관리'에서 '참여의 설계'로 바뀌며, 구성원 목소리를 조직적으로 청취할 수 있는 공식·비공식 소통 채널 구축이 핵심이다.

실천 방안으로는 '작은 승리' 설계와 더불어 정기적 '다양성 토론

세션', 익명 의견 수렴, 라운드로빈 형식의 의견 교환이 포함된다. 이를 통해 몰입과 추진력을 유지하되, 침묵하는 다수까지 포함하는 목소리 기반 의사결정 문화로 전환이 가능하다.

매력형 - 신뢰연결자 → 친근설득가

신뢰연결자는 높은 친근감과 공감능력으로 소외된 구성원까지 포용하는 데 강하지만, 진화 과정에서는 조직 내외부 네트워크의 전략적 확대와 의사결정 책임 명확화를 추가한다. 변화 전략은 '공감적 경청'에서 '책임 있는 참여 설계'로 진화하며, '발언의 등가교환'과 '다양성 존중'을 넘어서 최종 결정에 대한 소유권 강화에 초점을 둔다.

구체적 실행방안으로는 '참여 규칙 명문화', '익명 피드백 활성화', '결정 소유자 지정' 및 '외부 이해관계자 네트워크 활용 강화'가 포함된다. 이를 통해 조직 내 합의 과정이 지체되지 않고 책임 있게 결론 지어지도록 하면서도 지속적 혁신과 연결성을 높인다.

권위형 - 신속집행자 → 균형결정자

신속집행자는 강력한 책임감과 속도로 조직을 이끄나, 진화 과정에서 신중한 결정과 관계 조율 역량을 통합해야 한다. 변화 전략은 '속도와 신중함'의 균형이며, 결정의 간결성과 조건부 닫힘 방식을 통해 실행력을 유지하면서도 리스크를 체계적으로 관리한다.

실천 방안으로 '시나리오 기반 결정 훈련', '조건부 의사결정 매뉴얼', '다면적 이해관계자 소통 강화'가 있다. 병목 제거와 의사결정 단순화 기술을 유지하되, 조직 내 협업과 신뢰 기반 관계 형성을 강화한다.

권위형 - 자율형코치 → 균형결정자

자율형코치는 구성원의 자율적 판단 및 책임 문화를 조성하지만, 균형결정자로 거듭나려면 최종 주도권과 리스크 관리 역량을 강화해야 한다. 변화 전략은 '자율과 권위 간 동적 조율'이며, 중요한 결정에는 명확한 닫힘과 리스크 점검을 결합한다.

구체적 실행으로 '자율 책임 계약 재정비', '리스크 평가 및 대응 플래닝 강화', '최종 결정권 행사 교육'이 필요하다. 의사결정의 투명성과 책임 소재를 명확히 하여 신뢰를 유지하면서도 리더로서 강력한 주도권을 행사한다.

③ 실천 가이드(공통)

- **변화 마인드셋 확립:** 기존 성공패턴을 고집하지 않고, 성장가능성과 개선이 필요한 점을 열린 마음으로 인지한다.
- **주기적 피드백 수집과 자아성찰:** 360도 평가와 사례 분석을 통하여 자신 행동의 효과를 평가하고, 이를 토대로 개선과 학습 계획을 구체화한다.
- **멘토링 및 코칭 활용:** 조직 외부와 내부의 멘토 및 코치를 통해 객관적 시각과 체계적 성장 방향을 모색한다.
- **일상에서 작은 도전 설계:** 변화 목표 중 일부를 작은 도전 프로젝트로 구분해 실행하며, 실패를 두려워하지 않고 학습한다.
- **팀과 조직과의 동반 성장:** 조직문화 개선 활동과 리더십 커뮤니티 참여로 성장 경험을 공유하고 확산한다.
- **성과 모니터링과 조정:** 명확한 성과 지표를 수립하여 변화 진행상황을 점검하고, 필요시 전략과 목표를 재조정한다.

흑백 리더십은 진단에서 시작해 변화, 성장, 재진단의 순환과정이다. 각자의 리더십 DNA를 깊이 이해하고, 현실적 변화 전략과 실천 접근법으로 조화롭게 진화하는 과정 그 자체가 리버시 리더십을 만드는 여정이다. 핵심활동가, 친근설득가, 균형결정자로서 다양성 속에서 조직과 자신을 동반 성장시키는 진정한 리더십을 완성하기 바란다.

캐릭터 9가지 리더십 유형 한눈에 보기

신뢰형 - 기준수호자
Core Standard

명확한 기준 제시로 신뢰와 예측 가능성 확보.
심리적 안전성과 자율성 촉진.

#기준제시 #예측가능 #자기주도

신뢰형 - 열린전문가
Open Expert

투명한 질문과 데이터 기반 토론으로 신뢰 구축,
다양한 의견 조율.

#투명성 #데이터기반 #의견조율

신뢰형 - 핵심활용가
Corner Weaver

불변과 변화의 균형,
선택적 개방으로 조직 적응력과 지속성 창출.

#변화균형 #선택적개방 #지속성

매력형 - 몰입추진가
Charge Driver

목표 지향적 카리스마와
핵심 멤버 네트워킹으로 몰입과 속도 강화.

#목표지향 #속도 #카리스마

매력형 - 신뢰연결자
Trust Connector

소수 의견 존중하며 참여 설계,
내부외부 네트워크로 혁신과 결속 촉진.

#의견존중 #참여설계 #네트워킹

매력형 - 친근설득가
Edge Navigator

미묘한 조직 내외부 정보 감지,
전략적 사전 협상과 설득으로 방향 조율.

#정보감지 #협상 #방향조율

권위형 - 신속집행자
Command Runner

책임 경계 명확화,
신속하고 간결한 실행으로 조직 체계와 성과 극대화.

#명확한경계 #속도 #성과중심

권위형 - 자율형코치
Enable Coach

자율과 책임의 균형,
질문과 계약 기반 코칭으로 팀 성과와 성장 촉진.

#자율과책임 #코칭 #성장촉진

권위형 - 균형결정자
Parity Closer

데이터와 시나리오 기반 균형 잡힌 결정,
명료한 닫힘으로 조직 안정 도모.

#데이터 #시나리오기반 #조직안정

Chapter 3

実전,
흑백 리더십

흑 리더의 자질,
책임감

흑 리더에게 있어서 책임감은 조직을 이끌며 성과를 만들어내는 과정에서 신뢰와 권위를 창출하는 가장 중요한 자질이며, 그 지위를 지속 가능하게 만드는 토대라고 말할 수 있다. 리더가 확고하게 표출하는 책임감은 업무 실행력을 높이고, 어려운 상황에서도 책임을 회피하지 않고 결과를 감당하는 모습은 조직 구성원들로부터 신뢰와 권위를 인정받는 동인動因이 될 것이다.

'흑 리더십'의 핵심요소에서도 언급했지만, 책임감이 결여된 흑 리더는 권위주의적 통제라는 허울만 남아 조직 구성원들로부터 신뢰가 무너지고 리더십 기반이 붕괴되는 상황에 직면하게 될 것임이 자명한 일이다.

나아가, 경영진의 책임감 결여는 기업의 파산과 같은 최악의 상황을 맞이할 수도 있게 된다. 조직에서 책임감 있는 리더로 인정받기 위해서는 다음과 같은 행동들이 종합적, 지속적으로 표출될 때 가능하다.

첫째는, 구두나 문서로 언급한 사항에 대하여 반드시 지키려는 약속 이행의 태도이다, 둘째는, 실패한 결과에 대해서도 구성원들을 보호하고 명확히 책임을 지는 모습을 보이되, 실패가 반복되지 않도록 원인을 분석하고 개선책을 만들어 조직이 성장토록 이끄는 것이다. 셋째는, 성과 뿐만 아니라 조직의 핵심가치와 윤리적 규범들을 동시에 고려하는 모습을 보일 때 책임감 있는 리더로서 존중과 권위는 더욱 커질 것이다.

'흑 리더십'은 다소 강압적이고 통제중심의 리더십 유형이라는 비판에 직면하기도 하지만, 책임감이라는 요소가 제대로 반영된다면 큰 빛을 발할 수 있을 것이다. 경영진을 포함한 리더의 책임회피로 인하여 기업이 파산하거나 어려움에 직면하였던 국내외 사례들은 수없이 많았다.

2001년 미국의 에너지 공룡기업 엔론Enron은 화려한 외양 뒤에서 회계부정을 통해 이익을 부풀렸다. 최고경영진은 이미 부실을 알면서도 문제를 은폐했고, 결국 엔론은 파산했다. 2만 명의 직원이 하루 아침에 일자리를 잃었으며, 투자자들의 자산도 증발했다. 경영진들이 처음부터 책임을 인정하고 조치를 취했다면 최악의 상황은 피할 수 있었을 것이다.

항공산업에서도 유사한 사례가 있었다. 2018~19년 세계적 항공사인 보잉Boeing사의 737 Max 추락 사고는 기술적 결함보다, 리더의 책임 회피에서 비롯된 비극이었다. 경영진은 개발 지연과 비용 증가를 두려워해 안전 문제를 축소했고, 결과적으로 346명의 목숨이 희생되었다. 책임을 회피한 대가로 보잉은 전 세계적 불신을 떠안게 되었고 한동안 신뢰를 회복하지 못하고 어려움을 겪었다.

국내에서도 책임 회피는 기업의 붕괴를 초래했다. 세계 7위 해운사였던 한진해운은 경영 부실이 드러나자, 경영진은 솔직한 사과와 해법을 제시하기보다는 정부와 채권단에 책임을 전가했다. 결국 한진해운은 파산했고, 글로벌 물류망이 일시적으로 마비되는 상황을 초래하여 한국 해운산업의 위상은 한순간에 추락했다.

또한 남양유업은 2021년 '불가리스가 코로나19 예방 효과가 있다'는 발표로 사회적 논란을 일으켰다. 경영진은 잘못된 발표의 책임을 명확히 지지 않고 변명으로 일관했으며, 그 결과 브랜드 신뢰는 붕괴되고 회사가치는 폭락하는 상황이 발생하였다. 결국 남양유업은 오너 일가의 지분 매각이라는 뼈아픈 대가를 치러야 했다.

리더는 완벽할 수 없다. 잘못된 의사결정이나 예상치 못한 위기는 언제든 발생한다. 그러나 중요한 것은 문제가 생겼을 때 책임을 지는 태도다. 책임을 인정하는 순간 위기는 기회가 될 수 있지만, 책임을 회피하는 순간 위기는 재앙으로 확산된다는 점을 명심해야 한다. 리더의 책임감은 다양한 산업군 현장에서 어떻게 발휘하느냐에 따라 유무형의 다양한 효과를 나타낼 수 있다.

산업군	사례	책임감 발휘 내용
제조업	자동차 회사에서 대규모 리콜사태 발생 - CEO가 즉시 모든 문제는 경영진 책임이라 선언 - 소비자 대상 보상서비스 시행	- 문제를 외부로 돌리지 않고 수용 - 품질,안전에 대한 리더의 책임 명확화
	[효과] - 장기적으로 브랜드 신뢰도 회복 - 고객 충성도 강화 -직원들의 경영진 신뢰 강화	
IT	대규모 보안 유출사고 발생 - CTO가 직접 사용자,파트너사에 사고경과와 복구계획 공개 - 보안조직 강화와 사전 예방시스템 구축 주도	- 문제발생 직후, 빠른 인정과 투명한 소통 - 구조적 해결책 마련으로 재발방지 책임수행
	[효과] - 업계에서 보안에 가장 책임있는 기업으로 리브랜딩 - 장기적으로 고객 확보 증가	
금융	은행에서 투자상품 불완전 판매 논란 발생 - CEO 명의로 공개사과 후, 전액 보상 결정 - 내부 영업지침 개편, 교육 강화	- 단기손실 감수 - 고객 신뢰회복을 최우선 목표로 설정
	[효과] - 고객 충성도, 시장점유율 상승	
스타트업	신제품 출시 지연으로 투자자 신뢰에 문제 발생 - 대표가 변명 대신에 지연 원인과 보완계획 솔직하게 설명 - 팀원들에게 책임을 전가하지 않고 본인의 리더십 부족이라 인정	- 솔직하고 투명한 커뮤니케이션 - 내부 구성원 보호
	[효과] - 투자자 신뢰 유지 - -팀원들의 동기부여로 프로젝트 집중도 향상	

리더는 그 누구도 완벽할 수 없다. 잘못된 의사결정이나 예상치 못한 위기는 언제든 발생한다. 중요한 것은 문제가 생겼을 때 책임을 지는 태도다. 책임을 인정하는 순간 위기는 기회가 될 수 있지만, 책임을 회피하는 순간 위기는 재앙이 된다.

'권한은 나누어 가질 수 있지만, 책임은 리더가 홀로 짊어져야 한다. 이것이 무너질 때, 조직도 함께 무너진다.'는 점을 명심해야 할 것이다.

리더의 카리스마는
만들어진다

흑리더십에서 조직성과와 구성원들의 몰입을 이끄는 핵심요소로 카리스마 리더십을 언급한 바 있다. 카리스마에 대한 이론적 연구에서 초기에는 '초월적이고 비범한 자질'로 정의하였으나, 이후 연구들은 조직 속에서 관찰가능한 행위와 영향력으로 설명하고 있다. 특히, 카리스마 리더십을 비전 제시, 신뢰 구축, 구성원 동기화의 과정이다(Conger & Kanungo, 1998)라고 설명하는 정의가 대부분의 조직행동 연구자들에게 지지를 받고 있다.

많은 사람들은 카리스마를 선천적으로 타고나는 성격적 매력으로 오해하는 경향이 있다. 그러나, 카리스마는 단순히 보여지는 말과 행동의 힘이 아니고, 탁월한 역량과 다양한 경험이 뒷받침되어야만 조직에서 권위를 가지고 영향력을 발휘할 수 있다. 해당분야의 전문지식과 문제해결능력 등 탁월한 역량은 조직 구성원들로 하여금 리더를 따라가면 성과를 낼 수 있다는 믿음을 갖게 한다.

또한, 위기상황의 극복, 다양한 내외부 파트너들과의 협업을 통한 성과창출 경험들은 리더의 말과 행동이 단순한 지시가 아니라, 공감할 수 있는 통찰력으로 받아들이도록 한다. 즉, 탁월한 역량과 다양한 경험을 바탕에 둔 카리스마 리더십은 단순한 권위주의적 리더십이 아니라 조직구성원들의 자발적 추종과 몰입을 이끌어낼 수 있는 것이다.

이러한 카리스마 리더십은 흑리더십이 실질적인 조직성과로 연결될 수 있도록 하는 핵심 요소이며, 특히 조직의 다양한 위기상황에서 큰 힘을 발휘하는 사례를 많이 찾아볼 수 있다.

제조나 서비스업의 경우 품질문제로 대규모 리콜사태가 발생했을 경우에는 관련 전문성을 갖추고 과거 위기를 경험했던 리더가 최적의 결정을 내릴 수 있다. IT산업에서도 보안사고나 서비스 장애 등 큰 문제가 발생했을 때, 관련기술 역량과 위기극복 경험을 갖춘 리더가 최대한 빨리 고객의 신뢰를 회복하는 결정을 내린다. 금융 비즈니스에서도 글로벌 또는 국내 금융위기 상황에서 과거의 유사한 사례를 경험했던 리더가 가장 전략적인 해결책을 제시할 수 있을 것이다.

한국의 대부분의 기업들은 국내적으로는 정치적 변혁과정에, 글로벌에서는 서구와 중국 사이에 낀 지정학적 상황에 수많은 위기상황을 극복하며 성장하여야 했다. 이러한 상황요인들이 국내기업들의 CEO나 주요 경영진 리더 중에 흑리더십, 특히 카리스마 리더십을 가진 유형이 많았던 이유일 것이다. 최근의 기업환경은 AI의 확산과 글로벌 불확실성의 증대로 리더에게 미사여구(美辭麗句)나 권위적 태도로는 조직을 이끌어 갈 수 없다. 구성원들은 역량없는 카리스마를 빠르게 간파하며 실질적 성공경험 없이는 위기상황을 극복해낼 수 없을 것이다.

카리스마 리더십은 천성적 성향이나 매력으로부터 발휘될 수 있는 것이 아니라, 탁월한 역량과 축적된 경험의 산물이다. 이에 바탕한 카리스마는 조직 구성원들에게 신뢰와 공감을 제공하며, 특히 위기상황에서 리더의 영향력을 극대화한다. 따라서, 기업 입장에서는 위기발생 가능성이 높거나 위기극복이 중요한 화두인 조직에 카리스마 리더십을 갖춘 리더를 선임하는 것이 적재적소 인사라 하겠다.

저자가 경험했던 그룹에서도 산하의 기업이나 조직이 어떤 상황에 처해있는지에 대한 면밀한 검토가 사람 그 자체에 대한 평가만큼 중요한 작업이었다. 사업과 조직에 대한 이해가 사람에 대한 이해만큼 중요하다는 것이다. 인사가 다양한 이슈들을 해결해야 하는 과제를 안고 있지만, 가장 중요한 화두는 해당 조직에 가장 적합한 리더를 매칭하는 일이라고 생각된다.

완벽주의와
디테일이 만드는 롤모델

　레오나르도 다빈치의 <최후의 만찬>은 예수와 12제자의 마지막 식사 장면을 묘사한 벽화로, 예수의 말씀에 대한 제자들의 반응을 담고 있다. 이 작품은 예수님의 머리를 중심으로 수학적 원근법을 적용한 완벽한 균형과 공간감을 구현했으며, 인물들의 심리적 표현과 역동적인 구도, 그리고 배신자 유다의 의도적인 고립 등에서 완벽주의적 요소가 엿보인다.

　성격심리학에서 완벽주의는 책임감과 성실성으로 나타나고, 일반적으로 성실성이 높은 사람은 본인만의 기준을 상대적으로 높게 설정하고 목표 달성에 집중하고, 디테일을 중시하는 성향을 가지고 있다. 이러한 성향은 흑 리더가 가지는 대표적인 특성이고, 조직 내에서 롤모델로서 모범적 리더십 으로 작동하게 하는 기저^{基底}이기도 하다. 스스로 높은 기준을 설정하고 성취하려는 모습을 보이는 리더는 구성원들에게 나도 최선을 다해야 한다는 메시지를 준다. 이러한 태도는 조직 내 성취 기준을 높이고, 완벽함과 탁월함 을 추구하는 조직 문화로 이어지게 한다.

완벽주의 리더는 업무 수행과정에서 디테일을 중시하며, 업무의 완성도를 최우선 가치로 둔다. 조직 차원에서 놓칠 수 있는 작은 오류나 리스크를 예방하고, 지속적인 성과의 안정성과 때로는 상상 이상의 혁신을 이끄는 동력이 될 수 있다. 우리가 잘 알고 있는 스티브 잡스는 작은 아이콘의 곡선 하나까지 집착했던 완벽주의자였다. 그 덕분에 애플은 세상에서 가장 매혹적인 제품을 만들고, 시장의 판도를 바꾸는 혁신을 주도할 수 있었다.

도요타자동차의 '무결점 품질' 경영철학은 모든 직원에게 결함을 발견하면 생산 라인을 멈출 수 있는 권한을 부여했다. 이는 개인 차원을 넘어 조직 전체의 학습과 개선활동으로 연결되었다. 즉, 도요타는 완벽을 조직문화로 체화시켰고, 이로써 품질 혁신을 지속적으로 이어갈 수 있었다. 한국의 반도체산업도 완벽주위에 기반한 디테일 중심의 리더십이 세계 최고 수준의 수율과 기술 경쟁력을 유지하는 이유라 말할 수 있겠다.

실제 업무현장에서 리더의 완벽주의 발휘는 조직 전반에 다음과 같은 실질적 효과를 가져올 수 있다.

항목	실질적 효과
품질확보와 고객신뢰 제고	☐ 작은 실수도 허용하지 않는 태도는 결과적으로 이해관계자와 고객에게 높은 신뢰 부여 ☐ 제품·서비스의 완성도가 높아져 기업 브랜드 가치 강화
리스크 관리와 문제 예방	☐ 사소한 디테일까지 확인하는 습관은 잠재적 문제를 사전에 차단 ☐ 위기 발생 가능성을 줄이고, 장기적으로 조직의 비용과 손실을 크게 축소
조직 내 표준과 기준 제시	☐ 리더가 DETAIL을 중시하면, 조직원들에게도 "정확성과 디테일"이 중요한 기준으로 정립 ☐ 이는 전체적인 업무 프로세스의 수준을 레벨업시키는 긍정적 압력으로 작용
지속 가능한 성과 창출	☐ 단기적인 속도보다는 완성도를 중시하기 때문에, 재작업이나 품질 문제로 인한 불필요한 후속이슈를 제거 ☐ 결과적으로 효율성과 성과가 균형 있게 유지
전문성 강화와 조직성장 유도	☐ 리더가 세부사항을 철저히 검토하고 지적함으로써 조직원들은 더 높은 수준의 전문성 확보 ☐ 이는 개인의 역량 성장뿐 아니라, 조직 전체의 학습 문화로 연결

상기와 같은 완벽주의 리더십의 효과에도 불구하고, 우리가 반드시 고려해야 할 것은 흑리더십에서 완벽주의는 늘 양날의 칼처럼 작용하기도 한다는 점이다. 한편으로는 조직을 레벨업시키고 성과를 견인하지만, 다른 한편으로는 구성원을 지치게 하고 조직을 병들게 하기도 한다. 완벽을 추구했던 애플의 스티브 잡스와 함께 일했던 직원들은 '숨 막히는 압박감'을 토로하기도 했다. 완벽은 혁신을 이끌었지만 동시에 스트레스와 두려움의 그림자를 남긴 것이다.

강박적 완벽주의는 조직 전반의 갈등과 불만을 불러오고, 스트레스와 번아웃을 초래할 수 있다는 것이다. 또한, 조직 전반에 실패를 두려워하고, 책임을 회피하는 문화를 만들어 낼 수 있다. 따라서, 완벽주의를 추구하는 리더에게는 실패를 용인할 수 있고, 그 또한 개선의 기회로 삼도록 하며, 구성원 개개인의 어려움을 헤아리는 지혜로운 리더십 발휘가 필요할 것이다.

백 리더의 덕목,
기다림

　인내심은 백 리더십에서 필요한 가장 기본적인 마인드이다. 만약 리더들에게 백리더십을 수행하는데 필요한 덕목이 무엇이라고 생각하느냐는 질문을 하면 대부분은 존중, 경청, 개방적 의사소통 등 등 이라고 얘기할 것이다. 모두가 백리더십을 수행하는데 있는 중요한 요소들임에는 분명하다.

　그러나 내게 이 질문을 한다면 나는 단연코 '인내심'라고 말할 것이다. 존중, 경청, 개방적 의사소통 등 은 백리더십을 수행하는데 있어 리더가 구성원과 상호작용을 하는데 필요한 덕목이지만 인내심은 오롯이 리더 스스로가 다스리며 본인과의 싸움을 통해 이겨내야 하는 덕목으로 백리더십을 수행하는 리더의 기본 마인드가 아닌가 생각한다.

성과를 촉진하는 기다림

회사생활을 하면서 선배들로 부터 들은 얘기 중 '회사업무는 누구나 할 수 있지만 누구나 잘하기는 어렵다'라고 한 말이 생각난다. 20여 년 회사생활을 하면서 돌이켜 보면, 어려운 일을 맡게되어 몇일 밤샘일을 한적도 있고 유독 잘 안써지는 보고서 때문에 선배들에게 혼나 보기도 했지만 경험이 쌓여가면서 부터는 대부분의 일을 큰 이슈없이 해결할 수 있게 된 것 같다. 그러나 나에게도 늘 잘해보려고 노력하지만 아직도 잘 안되는 일이 있는데 그건 바로 구성원 코칭이다.

구성원 코칭은 구성원의 조기 전력화를 통해 조직 전체 역량을 향상시키고 구성원 스스로의 동기부여와 리텐션을 위해 늘 중요하게 생각되어진다. 그러나 한 개인에게 새로운 업무를 경험하게 하고 이를 능숙하게 하기 위해서는 많은 시간과 노력이 동반된다.

우리팀에는 기획업무를 잘하는 이과장이 있다. 회사 제도를 설계하는 것을 보면 디테일이 살아있고 보고서도 잘 써서 후배 사원들에게도 배울만한 선배로 인식되어 있다. 이러한 이유에서 인지 늘 연말평가도 좋은 등급 (S or A등급)을 받아왔다.

'이과장은 잘 육성시키면 향후 좋은 매니저로 성장할 수 있을 것 같은데'

나는 후배의 성장과 발전을 바라는 마음에서 조직개편 시 업무 순환 통해 이대리를 조직문화 업무로 전환배치 했다. 매니저로 성장하기 위해선 부서내 타 업무에 대한 경험은 반드시 필요했고 이러한 내 바램에 이과장도 흔쾌히 동의했다.

　업무조정 후 1개월,

　점심식사 중 채용업무를 담당하는 신과장으로 부터 이과장 얘기를 들었다.

"팀장님! 시간되실때 이과장과 한번 면담 하시는게 좋은 것 같습니다. 요즘 새로운 담당 업무때문에 힘들어 하는것 같더라구요"

기대와는 다른 의외의 이야기에 그날 오후시간, 나는 이과장에게 면담을 요청했다.

"이과장! 새로운 업무는 잘 적응하고 있는지 궁금해서 불렀어. 조직문화 업무가 기획업무와는 달리 현업팀장이나 구성원 면담이 많아 차근차근 챙겨야 할 꺼야"
"예 나름 잘 적응해 보려고 하는데 말씀하신대로 구성원 면담이 많아 쉽지는 않네요. 그래도 잘 적응해 보겠습니다. 걱정마십시오!"

밝은 표정으로 화이팅 넘치는 대답을 했지만 분명 고민이 있는 듯한 얼굴이었다. 면담 이후 나는 이과장의 코칭과 관련하여 여러가지 고민을 했다.

과거 선배님들은 후배들의 성장을 위해선 때로는 매몰차게 벼랑 끝에서 밀어 스스로 올라오는 법을 깨닫게 하는 코칭 방법을 얘기하시곤 했다. 강한 자극을 통해 스스로를 성장시킬 수 있다는 것은 교육학적이나 경험적으로 충분히 동의가 되는 이야기이다.

'이번기회에 나도 이과장의 성장을 위해 좀 더 강한 코칭 방법을 써야 하나'

그러나 내가 그간 구성원들에게 보여준 리더십 스타일을 생각해 봤을 때 리더의 갑작스러운 리더십의 변화는 구성원에게 순작용보다 오히려 조직 부적응과 함께 저성과로 연결될 수도 있겠다는 우려가 생겼다. 그리고 고민 끝에 나만의 결론을 내렸다.

'그래. 나는 나만의 기다림으로 코칭을 해보자'

이후 나는 이과장과 정기 회의시간 외에 티 미팅이나 캐주얼 미팅의 형식으로 코칭 시간을 늘렸다. 이과장의 경우 이전 기획업무를 하던 업무 습관이 있어서 인지 늘 업무의 문제점을 찾고 개선방향을 도출하려는 의지가 강했다. 그러다 보니 조직문화상 큰 이슈가 아닌 사안에도 집중을 하고 거기에 시간을 허비하다 보니 늘 바쁘지만 업무 효율이 없었다.

처음에는 이슈사항에 대해 핵심이 무엇인지 얘기를 듣고 해결방향을 제시 해주기도 했지만 그러면 그 이슈 뿐, 다른 업무가 주어지면 또 방향을 잡지 못하는 경우가 많았다.

그럴 때마다 '한번 더 기다려보자'라고 다짐하며 다시 질문을 했다. '왜 이 일 해야 하는지?', '업무의 핵심이 무엇인지?', '업무결과가 구성원에게 미치는 영향은 무엇인지?' 이 세가지를 반복적으로 물어보며 스스로 방향을 잡도록 코칭했다.

이후에도 다른 업무과제에 대해 몇번의 시행착오가 있었고 '이번에는 그냥 내가 업무를 마무리할까?' 하는 생각도 있었지만 그때마다 마음에 '참을 인'자를 생각하며 지속적으로 코칭을 했고 그결과 이러한 나의 기다림에 부응이라도 하듯 이과장도 점차 업무수행에 안정감을 찾아갈 수 있었다.

현업을 경험하면서 만난 대부분의 팀장님들을 보면 늘 바쁜 업무와 회의로 힘들어 하신다. 그런 분들에게 인내심을 가지고 지속적으로 구성원들을 코칭해야 한다고 얘기하면 그 의미와 취지에 대해선 동의할 수 있겠지만 대부분 선뜻 실행하기 어려울 것 같다.

그렇다고 이와는 반대로 기존의 업무방식을 무조건 답습 시키거나 리더 자신의 업무 방식을 그대로 후배들에게 고수한다면 어느 순간 구성원들은 업무의 본질을 이해하기 보다는 리더의 손끝 만을 보게 되고 이는 점진적으로 조직의 활력과 역량을 약화시킬 수 밖에 없게 된다.

좋은 리더는 구성원의 힘을 통해 조직을 운영하는 능력을 가진 사람이다. 조직관리를 위해 구성원의 성장을 지원하는 역할을 잊어서는 안된다.

백리더의 구성원 코칭을 위한 4가지 TIP

1. 업무 체크를 위한 기본 질문 세트 만들기

구성원이 맡은 일의 본질을 스스로 파악할 수 있도록 질문을 던져보자.

- 왜 이 일을 하는가? WHY
- 핵심은 무엇인가? WHAT
- 이 일이 가져올 영향력과 기대 효과는 무엇인가? IMPACT

단순한 확인을 넘어 업무의 의미와 가치를 깨닫게 하는 질문이 코칭의 출발점이 된다.

2. 과제 중간보고를 습관화하기

"괜찮겠지" 하고 기다리기보다 적시에 중간 보고하는 문화를 정착시켜라.

리더는 흐름을 놓치지 않고, 구성원은 부담을 덜고, 결과물은 자연스럽게 정교해진다.

3. 구성원의 목소리를 끝까지 듣고 피드백하기

대화의 속도를 조급해하지 말고 끝까지 경청하라.
진심으로 들려오는 이야기가 있을 때, 리더의 피드백은 단순한 지시가 아닌 성장 촉진제가 된다.

4. 스스로 결론을 낼 수 있도록 기다려주기

답을 바로 주고 싶어도, 때로는 기다림이 최고의 코칭이다.
스스로 답을 찾아내는 과정은 구성원에게 책임감을 심어주고, 자기주도적인 성장을 이끈다.

배움으로 시작하는
백 리더십

학무지경 學無止境, '배움에는 끝이 없다'

과거 배움이라고 하면 보통 교과수업이나 대학에서 듣는 전공강의 등 학교에서 하는 학문적 지식만을 생각했었다. 하지만 요즘과 같은 정보의 바다 시대에선 삶 자체가 배움의 연속이고 우리는 다양한 방법을 통해 수많은 정보와 지식을 습득하게 된다.

요즘 회사를 다니는 직장인들을 보면 정말 열심히 배운다. 업무의 질을 높이기 위한 직무교육부터 급변하는 온라인 세상에 적응하기 위한 커뮤니케이션 교육까지, 잠시만 쉬어도 변화의 흐름을 따라가지 못할 수 있다는 위기감이 들 정도이다.

리더십에 있어서도 업무 전문성에 대한 중요성은 점점 높아지고 있다. 특히 수평조직의 경우, 직급이나 권위보다는 지식이나 경험에서 나오는 전문성이 리더십에 기반이 되고 있기 때문에 리더가 전문성을 잃으면 구성원 신뢰가 약화되고 나아가 비효율적인 의사결정을 할 수밖에 없게 된다.

미국의 리더십연구의 거장 존 맥스웰은 "오늘 배움을 멈춘 리더는 내일 존재하지 않는다"는 말로 배움의 중요성을 강조했다. 리더는 단순히 지식을 전달하는 사람이 아니라, 계속 성장하고 변화에 적응하는 사람이어야 하기 때문에 오늘 배움을 멈춘다면, 내일의 변화에 대응할 수 없고 결국 리더십을 상실하게 된다는 의미이다.

백리더십은 배움에서 시작된다. 리더가 전문성을 높여야 한다고 해서 모든 지식을 직접 학습을 통해 배워야 한다는 얘기는 아니다. 내/외부 전문가들과의 협업을 통한 프로젝트를 수행하면서 전문성을 배양할 수 있고 전문성을 보유한 내부 팀원에게 직접 질문을 하거나 피드백을 요청하여 리더 본인의 부족한 점을 보완할 수도 있다.

'현장에 답이 있다'

고객 서비스업(영화관)을 하는 회사에 다닐때 이야기이다. 회사의 핵심 사업이 고객 대상 서비스이다보니 현업에선 늘 크고 작은 사건/사고나 고객관련 클레임이 많아 바쁘다. 교육팀장이신 황팀장님은 늘 현장에서 구성원들의 서비스를 연구한다. 교육팀의 주요업무는 회사가 추구하는 고객 서비스의 철학과 방식을 구조화하여 서비스 운영체계를 수립하고 이를 기반으로 서비스 개선대책과 새로운 구성원에 대한 교육훈련 업무를 주로 수행한다.

황팀장은 서비스관련 경험이 15년이 넘고 서비스 교육분야 박사학위까지 보유하고 있는 그야말로 전문가이지만 본사 staff 업무 외의 시간은 늘 현장을 찾아 구성원들과 소통하면서 개선 대책을 찾는다.

"팀장님! 어제 야근으로 힘드실텐데 오늘도 나오셨네요? 오늘은 좀 쉬시는게 어떠세요?"

나는 전사경영회의 보고서로 같이 야근을 한 황팀장에게 이렇게 말했다.

"저는 괜찮습니다. 오늘은 다행히 큰 문제없어 다행이기는 한데 현장은 매번 나와도 새롭고 저에게는 배울것들이 많습니다."

황팀장 말에 나는 다시 물었다.

"팀장님도 현장에서 배울것들이 있으세요?"
"그럼요. 서비스 현장은 하루하루가 변화의 연속인것 같아요. 물론 회사에는 서비스 매뉴얼 체계도 있고 그에 따라 구성원들의 교육 훈련도 진행하지만 자주 현장에 나와 고객을 만나고 개선점을 찾는게 가장 큰 배움인것 같아요. 또 이렇게 나와서 우리 구성원들과 소통을 해야 리더로서 역할을 제대로 하고 있다는 생각도 들구요"

사실 서비스업의 경우, 전사 스텝과 현장 구성원간에는 늘 미묘한 신경전(?)이 있다. 전사 스텝은 회사의 경영진의 지침이 현장에서 제대로 운영되지 않는다는 불만이 있고 현장 구성원은 현장의 사정을 제대로 모르면서 현실성 없는 지시만 한다는 불만이 있다. 그러나 지금 황팀장이 부임하여 현장과 스텝 조직간의 의견을 조율하면서 이러한 현장 불만은 거의 없어졌으며 오히려 황팀장을 칭찬하는 현장의 목소리가 많아졌다.

"요즘 고객만족도도 높아진 것 같은데 현장 분위기는 어때요?"

회사 메인 점포를 방문했다가 현장 매니저에게 물어봤다.

"구성원들 분위기가 좋다보니 서비스의 질도 향상되는 것 같아요. 황팀장님이 늘 방문하셔서 구성원들 애로사항도 들어주시고 모르는 부분은 담당자들에게 직접 물어보시면서 챙기시다보니 서비스 개선 포인트가 잘 해결되고 있는 것 같아요. 그분은 진짜 배울 점이 많은 리더이신 것 같아요"

서비스 사업에 있어 현장 구성원들의 긴장감을 높이기 위해 때로는 리더의 강한 리더십도 필요하다. 긴장감이 있어야 안전사고를 줄일 수 있고 고객을 위해 정해진 서비스를 완벽하게 수행할 수 있다. 그러나 한편으로는 시시각각 변화하는 상황을 대처하기 위해선 구성원들의 목소리에 귀 기울여야 하고 현장을 제대로 이해할 수 있는 리더의 업무 전문성이 동반되어야 한다.

몇년 전 '라떼리더'라는 얘기가 직장인들 사이에서 화제가 된 적이 있다. 리더 본인의 과거 경험을 현재 기준으로 강요하는 리더를 비꼬는 단어로 사용되었다. 이는 직장내 세대 간의 가치관과 사고의 차이를 지적하는 말로 이해될 수도 있지만 또 한편으로는 시대의 변화를 배우지 않으려는 리더를 꼬집는 말로 이해하는 것이 더 적절하다는 생각이 든다.

'과거 경험에 집착하는 리더보다는 현재와 미래를 고민하는 리더가 성공한다'는 얘기처럼 조직이 쌓아온 과거 노하우와 경험도 당연히 조직을 운영하는 중요한 자산이지만 현 시대를 살아가는 리더라면 늘 배움과 오픈 마인드로 전문성을 만들어 가는 것이 리더의 자격이 아닌가 생각한다.

친근한 소통이 여는
신뢰의 문

일단은 다가와야 소통할 수 있다

소통 없는 리더십은 존재할 수 없다

리더십에서 소통은 단순한 기술이 아니라 조직을 움직이는 핵심 동력이다. 아무리 뛰어난 전략과 비전이 있어도 소통이 부족하면 그것은 상상에 불과하다. 리더가 구성원들의 의견을 경청하고 논의하여 방향을 명확히 제시할 때, 신뢰와 협력이 생겨난다. 반대로 소통이 부족하면 사소한 오해가 큰 갈등으로 이어지고, 결국 조직의 성과를 저해한다.

효과적인 소통은 명확한 메시지 전달에서 그치지 않는다. 진정한 소통은 말하는 것보다 듣는 데서 시작된다. 경청하는 리더는 구성원의 숨은 고민과 문제를 발견하고, 이를 해결하는 과정에서 더 강한 팀워크를 형성한다. 이는 단순히 업무 지시와 보고를 넘어, 서로의 가치와 비전을 공유하는 과정이다. 이런 소통이 뒷받침될 때 조직은 변화와 위기 속에서도 흔들리지 않는다.

리더는 늘 바쁘지만, 바쁠수록 소통에 더 집중해야 한다. 구성원과의 대화는 단순한 안부 차원이 아니라, 동기부여와 신뢰 구축의 핵심이다. 특히 MZ세대와 함께하는 오늘날의 조직에서는 일방적 지시가 아닌 '쌍방향 소통'이 필수이다. 그들은 '왜'라는 질문에 답을 원하고, 공감과 피드백을 통해 몰입한다.

지난 2~3년간의 회사 조직문화에 있어 가장 화두가 되었던 주제라고 하면 'MZ세대'와 관련된 내용이 아닐까 생각한다. 각종 매체들과 연구기관에선 MZ세대의 가치관과 생활방식을 앞다투어 연구하며 기존 세대와의 차이점을 부각시켰고 회사에선 이들을 끌어안기 위한 많은 노력을 했던 것 같다.

왜 우리는 이토록 MZ세대에 대한 많은 관심을 가지게 된 것일까? 기존에도 늘 세대간 가치관의 차이와 극복방안에 대한 논의는 많았지만 이미 수년전 부터 우리사회에 고민거리가 되어버린 저출산과 고령화 이슈에 대한 논의가 본격화되고 어느새 MZ세대가 우리 조직에 주축세력(35~40%)이 되어버린 현실에서 이들과의 협력없이는 새로운 비전과 발전을 논하기 어렵게 되었기 때문이라고 생각한다.

이에 대해 조직차원에서 MZ세대를 위해 '워라밸 중심의 조직문화 구축', '직원의 복리후생 강화', '개인의 성장지원' 등 많은 대책들을 만들었다. 그러나 정작 회사의 리더들이 구성원을 이해하고 같이 일하는 방식에 대해서는 '경청', '존중', '배려'와 같은 추상적인 대책 외에는 뚜렷한 방법론이 없었던 것 같다.

1장에서 언급한 바와 같이 백리더십의 중요한 요소 중에 하나가 '리더의 친근함'이다. 리더의 친근함이란 리더가 구성원에게, 혹은 구성원이 리더에게 다가가기 쉽고 편안하게 소통하는 분위기를 나타내는 말로 조직내 신뢰와 조직 몰입도를 높이는 중요한 요소이다.

MZ세대와 친근하게 일하기

MZ세대는 위에서 언급한 바와 같이 우리 인구의 35% 이상이며, 젊은 조직에서는 이미 40% 이상을 차지하고 있는 회사들도 많다. 조직내에서는 이미 리더들이 같이 일해야 하는 주요한 동료이자 파트너인 셈이다. 그러나 조직에선 아직도 이들과 같이 일하는 방법이나 리더십에 대한 구체적인 논의 보다는 조직문화 차원에 접근이 많은 것이 사실이다. 저녁회식보다는 점심회식이나 문화회식을 권장하고 워라밸을 강조한 각종 복리후생과 인사제도들이 그것이다.

그래서 이번 장에서는 구성원, 특히 MZ세대 구성원의 성장과 업무 몰입을 높일 수 있는 소통 중심의 백리더십에 대해 얘기해 보고자 한다.

(1) 공동주제 만들기

회사會社는 여러사람들이 공동의 목표(이익창출 등)를 위해 모인 결합 조직이다. 공동의 목표를 위해 각 부분별로 업무와 책임을 나누고 업무 전문성을 가진 구성원들을 모은다. 그래서 모든 구성원들은 회사의 목표가 무엇인지, 현재 목표 달성도가 어느정도인지, 그리고 목표를 위해 나는 어떤일을 해야 하는지를 알아야 업무에 집중할 수 있고 성과를 낼수 있다.

하지만 실상 많은 회사들은 공동 목표에 대해 구성원들과의 커뮤니케이션에 적극적이지 않은 편이다. 그 이유로 영업정보에 대한 유출 우려, 사업전략에 대한 보안 등을 얘기하고 있지만 또 한편으로는 조직문화적으로 구성원들은 시키는 일만 하는 존재로 여겨서 그런건 아닌지 의심이 든다.

이러한 마인드로는 더 이상 공동의 목표를 달성하기가 어렵다. 특히 MZ세대가 주축으로 성장하는 앞으로는 더 그러하다. 단순히 '무엇을' 해야 하는지가 아니라 '왜' 해야 하는지를 공유하여야 그들은 목표의 의미와 가치를 이해하고 비로소 자발적으로 몰입한다. 사람들은 공동의 주제가 있을 때 몰입하고 더 많은 소통을 할 수 있다. 그리고 그러한 소통이 늘어날수록 상대방에 대해 친근함을 느끼며 나아가 개인적인 관심사나 고민에 대해서도 말할 수 있는 것이다.

많은 리더분들은 조직 내 젊은 구성원들과 친근한 소통을 위해 다양한 주제로 소통하려고 노력한다. 그래서 젊은 세대에게 인기있는

드라마나 음식, 또는 핫 플레이스에 대해 얘기하거나 어떤 분은 구성원의 개인적인 고충에 대해 서슴없이 물어보면서 일방적인 친근한 소통을 시도한다. 그러나 라포(친근감)가 형성되지 않은 소통은 상대방과 오히려 멀어지는 결과까지 만들게 된다. 구성원들과 친근한 소통을 위해 먼저 같이 일하는 회사의 공동의 목표(경영목표, 부서 전략 등)에 대해 자주 소통하는 것이 필요하다. 회사의 영업 정보나 의사결정 사항과 중요한 내용이 아니라 같이 일하는 조직의 동료로서 알아야 할 회사의 경영현황이나 우리 조직 내 당면한 과제 등에 대해 같이 얘기하고 공감대를 얻어야만 공동의 소통 주제를 만들 수 있다.

공동 소통 주제를 가지고 대화함으로써 리더는 구성원들이 의견과 생각을 자유롭게 들을 수 있고 구성원들은 리더와 직접 소통하면서 본인의 의견이 존중받고 있다는 생각할 수 있다. 이러한 분위기가 형성되어야 구성원도 부하직원이 아닌 같이 일하는 동료로 리더와의 소통에 적극적으로 나설 수 있다.

(2) 업무상 접점 늘리기

앞에서 말한 구성원과의 공동 주제를 통한 대화가 가능하다면 그 다음으로는 업무 접점을 확대 할 필요가 있다. 여기서 말하는 업무 접점을 늘린다는 의미는 단순히 함께 있는 시간을 늘리거나 같은 공간에서 근무하는 것이 아니라 함께 의미 있는 관계를 만들어 구성원의 성장을 돕는다는 것이다. 그렇다면 어떤 방법으로 업무 접점을 확대할 수 있을까?

첫째, 의사결정 혹은 회의 과정에 구성원을 참여시키는 것이 필요하다.

회사에는 정말 많은 종류의 회의가 있다. 임원회의, 부서장회의, 간부회의 등등. 회의를 구분하는 이유는 다루어지는 의사결정 수준, 정보나 이슈사항의 중요도 등에 따라 구분한 것이다. 의사결정이나 회의과정에 구성원 참여를 확대한다고 해서 회사의 모든 회의에 전 구성원이 참여해야 한다는 의미는 아니다. 그렇게 운영될 수도 없고 그렇게 해서도 안된다.

그러나 팀 단위 조직에서는 다르다. 보통 팀 조직의 이슈는 해당 조직 구성원이 직접 영향 받거나 같이 해결해야 하는 이슈가 많음에도 불구하고 어떤 리더들은 팀 단위 회의도 간부와 사원을 나누어 주제와 이슈를 다르게 진행하는 경우가 있다. 구성원들이 의사결정 과정에 소외되면 될수록 리더와의 간극이 생기게 되고 구성원들은 스스로를 시키는 일만 하는 수동적인 존재라고 인식할 수밖에 없다. 단순한 보고와 수명업무를 넘어 의사결정 단계에서 의견을 듣고 반영하면 구성원은 자신이 중요한 존재라고 확신을 가질 수 있고 이는 업무 몰입과 책임감으로 이어질 수 있다.

둘째, 정기적인 1on1 미팅을 운영해야 한다.

여기서 중요한 것인 반드시 정기적이어야 한다는 것이다. 대부분의 조직에선 리더와 구성원간의 1:1미팅을 진행한다. 그러나 리더의 바쁜 일정 등으로 연기되기 일쑤이고 1:1미팅은 리더가 남는 시간에 이루지는 미팅으로 인식되기 쉽다. 1:1미팅이 정기성을 잃게되면 구성원의 미팅에 대한 기대나 관심도가 떨어져 준비되지 않은 상태에서 진행되고 이러한 상황이 지속되다보면 '이러한 미팅을 왜 해야 하지?'하는 불만이 쌓인다, 그리고 이는 오히려 소통리더십을 약화시키는 계기가 된다.

1:1미팅의 주제는 단순한 업무 보고가 아니라 구성원의 애로사항이나 고민을 청취하고 성장 방향을 고민하는 기회가 되어야 한다. 리더는 업무 성과 뿐 아니라 동기부여, 경력개발에 관심을 보여야 한다. 그래야만 신뢰가 쌓이고 리더와 구성원 간의 관계를 강화시킬 수 있다.

셋째, 프로젝트를 통한 업무기회를 부여해야 한다.

프로젝트는 특정주제나 이슈사항을 해결하기 위해 관련 구성원을 모아 TF^{Task Force} 형태로 운영되는 조직이다. 프로젝트 조직에는 리더를 제외한 모든 구성원들이 담당업무를 가지고 독립적으로 때로는 협업을 통해 업무를 수행한다.

프로젝트는 업무특성상 진행과정에서 많은 회의와 의사결정 과정을 거치게 된다. 프로젝트 리더가 최종적인 의사결정을 하지만 단독적인 의사결정이 불가능하기 때문에 개별 구성원과의 소통이 필수적이다. 이러한 이유로 프로젝트에 참여한 구성원들은 담당업무 수행 하면서 업무전문성과 책임감을 높일 수 있고 리더와 현장에서 함께 고민하면서 노력하는 모습을 통해 강한 유대감과 동기부여를 느낄수 있게 된다.

넷째, 디지털 소통 기회를 확대해야 한다. 이제 더이상 디지털 소통 수단은 젊은 세대만의 전유물은 아니다. 남녀노소 모바일 메신저는 일반화되었고 코로나를 보내며 원격근무에 대한 니즈가 늘어나면서 회사를 다니는 사람이라면 누구나 온라인 미팅 플랫폼(ex. zoom 등)이나 문서 협업 플랫폼(ex.Confluence 등)에 대한 경험을 가지고 있다. 그러나 실상 현장의 리더들은 디지털 소통에 소극적인 분들도 있다. 메신저를 통한 보고보다는 구두보고를 원하고 온라인 보고서보다는 대면 보고서를 선호한다. 이러한 소통방식의 차이는 저마다 장단점이 있어 어떤 소통방식이 더 좋다는 말을 할 수는 없지만 그보다 중요한 것은 소통 당사자들의 선호하는 소통방식이 다르면 상호간의 소통은 줄어든다는 사실이다.

MZ세대들을 다른 말로 디지털 네이티브Digital Native세대라고도 한다. 정보기술과 디지털 환경이 이미 일상화된 시대에 태어나 어릴 때부터 디지털 기기와 인터넷을 자연스럽게 사용하며 성장한 세대라는 의미이다. 또한 현재 우리의 경영환경과 정보통신의 발전속도를 볼때 소통의 속도는 조직의 경쟁력을 좌우할 수 있는 중요한 요소로 발전하고 있다. 친근한 소통을 위한 디지털 소통 확대는 선택이 아닌 필수이다.

가치 있는 R&R 부여하기

내가 처음 회사에 와서 부여 받았던 업무는 인력운영 업무였다. 회사 구성원들의 입사와 퇴사를 정리하여 회사의 정확한 인원 숫자를 관리하고 회사 내부에서 이동 하는 구성원들의 발령을 내는 업무이다. 난이도가 높지 않았지만 자세한 업무 메뉴얼이 없어 일의 대부분은 업무를 담당하고 있는 선배 사원 옆에서 일하는 것을 보며 배웠다. 그야말로 도제식 업무 습득이었다. 그때는 업무 메뉴얼보다는 소위 '사수', '부사수'로 표현되는 선, 후배 사원간의 업무 수행 방식이 많았다. 보통 선배사원이 업무과제에 대한 기획업무를 수행하면 후배사원은 해당 업무수행을 위한 기본 자료를 수집하거나 보고서 작성 업무를 옆에서 도왔다. 그러다가 선배사원이 승진을 하거나 업무를 이동하게 되면 후배사원이 그간 습득한 업무역량을 기반으로 선배사원의 업무를 물려받아 수행하게 된다. 그러나 요즘 젊은 구성원들은 이러한 방식보다 담당업무에 대한 보다 명확한 R&R을 요구한다. 다음은 과거 부서 연간업무계획 수립 작성을 할 때의 이야기다.

연간업무계획은 보통 기획파트에서 담당을 하는데 파트장의 부재로 기획파트에 있는 신대리와 김대리를 불러 업무를 지시했다.

"연간 업무 계획을 수립해야 하는데 아시다시피 파트장이 부재중이라 이번에는 신대리와 김대리가 같이 협업하여 진행해 줬으면 좋겠어요"

나는 업무에 대한 취지와 중요 포인트에 대해 설명하고 업무기한을 정해줬다. 그런데 업무지시 후 2시간 뒤, 김대리가 나를 찾아왔다.

"팀장님! 아까 지시하신 연간 업무 계획 업무를 그냥 제가 하면 안 될까요?"
"왜? 신대리랑 같이 하는데 문제라도 있나요?"

나는 의아한 얼굴로 물었다.

"신대리랑 문제는 전혀 없는데요… 제가 생각할때는 '같이 하는 업무는 제 업무가 아니라는 생각'이 들다보니 업무 몰입이 어려울 것 같습니다. 그냥 업무를 한사람에게 지정해서 주시는게 더 명확하고 좋을 것 같다는 생각이 듭니다"
얼뜻보면 위의 구성원에 대해 인정 욕구가 강한 개인주의적인 성향을 지적할 수도 있다. 그러나 또 한편으로는 자신이 수행하는 일에 가치를 부여하고 책임감을 가지고 수행하기를 원하는 마음일 수도 있다.

명확한 R&R 부여한다는 것은 구성원간의 니일 내일을 나누는 구분점이 아니라 일의 의미와 가치를 부여한다는 의미이다. 그러한 의미에서 명확한 R&R이 있어야 구성원들은 업무에 대한 책임의식을 가지고 업무 몰입도를 높일수 있다. 협업이 필요한 업무라고 한다면 각 단위 업무별로 R&R을 세분하여 부여해야 한다. 각자가 맡은 영역이 명확할 때, 구성원들은 서로의 기여를 존중하고 상호간의 소통을 통해 협업을 원활하게 이어갈 수 있다.

또한 이는 젊은 세대들이 중요하게 생각하는 공정성의 가치에도 부합한다. 누가 어떤 업무를 맡았는지가 명확해야 평가 기준이 공정해지고, 구성원은 자신의 기여가 정확히 인정받는다고 느낀다. 구성원에 대한 가치있는 업무 배분은 서로 존중할 수 있는 리더와 구성원 관계를 만드는데 기여할 수 있다.

흑백 리더의
실전 전술

이미 많은 리더들이 이미 알고 있겠지만, 전략과 전술은 다르다. 전략은 궁극적인 목표를 설정하고 이를 달성하기 위한 큰 그림이라면, 전술은 그 전략을 실행하기 위한 구체적인 행동이나 방법을 의미한다. 지금까지의 흑백리더십 논의는 대부분

전략Strategy의 관점에서, 무엇을 할 것인가What to do에 대한 비전과 목표, 우선순위를 설정하는데 영감을 주는데 초점이 맞춰져 있다. 이번 장에서는 그렇다면 실제 리더십 현장에서 바로 써먹는 전술 Tactics 차원에서 어떻게 전략을 실행할 것인가How to do에 대한 구체적인 수단을 수립할 수 있도록 몇 가지 실제 사례(기술)를 다뤄보고자 한다.

흑 리더의 전술은 단순하나, 강력하다

IT 부서의 프로젝트 팀장이었던 김부장은, 서비스 출시를 앞두고 예상치 못한 시스템 오류가 발생하자 즉각적으로 팀원들을 소집했다. 그는 "지금부터 2시간 내에 원인 파악과 해결 방안을 도출해야 한다"고 명확한 목표를 제시했다. 각 팀원의 전문성을 빠르게 파악해, 서버 담당자에게 로그 분석을, 개발자에게 코드 리뷰를, QA 담당자에게 재현 테스트를 맡겼다. 중간 점검 시간에는 각자의 진행 상황을 빠르게 공유 받고, 잘한 점은 즉시 칭찬하며, 부족한 부분은 단호하게 보완 지시를 내렸다. 최종적으로 김 부장은 "최종 결정은 내가 책임진다. 지금은 속도가 중요하다. 모두 내 지시에 따라 움직여 달라"고 강조하며, 팀을 한 방향으로 이끌었다. 그 결과, 서비스는 예정대로 출시되었고, 팀원들은 위기 상황에서 흑리더의 추진력과 책임감에 깊은 신뢰를 갖게 되었다.

흑리더는 명확한 목표 제시와 강한 추진력, 그리고 책임감 있는 의사결정으로 팀을 이끈다. 이들은 때로는 단호하게, 때로는 카리스마 있게 팀을 한 방향으로 이끌어가며, 위기 상황에서 빠른 판단과 실행으로 신뢰를 얻는다. 그렇기에 흑 리더들의 실전 전술은 명확하다. 우선, 명확한 역할 분배가 핵심이다. 이부분은 연차든 업의 전문성이든 리더가 내릴 수 있는 최소한의 권한이자 권리임을 흑 리더들은 이미 잘 알고 있다. 강력한 리더십을 바탕으로 팀원 각자의 강점과 전문성을 빠르게 파악해, 적재적소에 배치하면서, 모든 흑 리더의 전술은 시작된다.

이후 집단을 대상으로 피드백과 인정을 아끼지 않는다. 잘한 점과 개선점은 즉시 공유하고, 중요한 역할을 맡은 팀원에게는 기대감과 힘을 동시에 실어준다. 이는 핵심 인력의 동기부여와 몰입도를 높여준다. 마지막으로 단호한 의사결정이 필요하다. 팀의 방향성에 대한 이견이 있을 때에는, 리더가 최종 결정을 내리고 모두가 그 결정에 집중할 수 있도록 이끈다. 흑 리더십에서는 "내가 책임질 테니, 믿고 따라와 달라"는 메시지가 가장 큰 신뢰를 만들기 때문이다.

흑 리더는 과신過信으로 무너지고, 성찰로 더욱 단단해진다.

흑 리더십은 이론적으로 빠른 의사결정이 필요하고, 단기 성과가 중요하며, 조직 내 일사분란한 위계가 중시되는 사업이나 조직에는 강력한 유효성을 발휘할 수 있을 것이다. 또한 위기상황을 탈피해야 하는 상황에 처해 있거나 초기 경험이 없는 조직에서도 효과적일 수 있다. 그러나, 실제 현장에서는 그 리더십의 강점이 제대로 발휘되어 성과를 창출하기까지에는 많은 난관에 부딪힐 수 있다.

> 사례1

리더의 과신過信으로 인한 의사결정의 왜곡歪曲과 조직력 붕괴

A글로벌 식품회사의 마케팅조직은 최고 책임자가 모든 아이디어를 직접 검토하고 승인해야만 실행할 수 있는 구조를 가지고 있었다. 그 이유에는 해당조직 책임자였던 C상무가 있었는데, 그는 업계의 전문가로서 명망이 높았고, 대표가 직접 영입한 인물로 큰 신임을 바탕으로 조기에 조직을 장악하는 모습을 보였다. C상무는 이전의 성공적인 커리어로 인해 모든 일에 자신감이 넘치고, 산하조직에 권한과 책임을 위임하기보다는 디테일한 사항까지도 본인이 직접 결정하여 하달하는 전형적인 흑리더십 스타일의 리더였다.

본인의 의견을 맹신하듯 따르는 소수의 스텝인력 중심으로만 주요 정보를 파악하고 의견조율을 하였다. Bottom-up형태의 의견을 듣는 자리는 거의 없었고, 과거의 성공경험과 인사이트를 바탕으로 대부분의 의사결정을 독단적으로 하고 모든 조직구성원들이 일사불란하고 신속하게 실행하는 문화를 만들고자 하였다. 이러한 리더십 발휘는 부임 후 일정기간동안 표면적으로는 특별한 문제가 없어 보였다.

그러나, 원래 젊고 유능한 마케팅 인재들이 많았던 A회사는 트렌드를 앞서가는 신제품 개발과 마케팅 방식을 통해 업계를 리드하는 회사였으나, 시간이 지날수록 구성원들은 리더의 눈치를 살피고 리더가 생각하는 컨셉에 어떻게 맞출 것인지가 모든 업무의 중심이 되어 갔다.

경쟁업체들의 성장에 위기의식을 느낀 대표이사의 대형 신제품 개발에 대한 지시에 따라 C상무는 마케팅조직 전체에 관련 미션을 하달하였으나, 구성원들은 C상무가 제시하는 과거 성공공식에 의존한 '안전한 아이디어'만 제출했고, 일부 도전적인 아이디어는 묵살되었다. 결국 혁신적인 제품개발은 지체되었고, 시장 경쟁력은 빠르게 떨어졌다. 설상가상으로 권위적이고 상명하복 일변도의 조직문화에 반감을 가진 젊고 유능한 인재들의 이탈이 가속화되는 최악의 상황이 발생하는 결과를 가져왔다.

위 사례는 흑 리더의 극단적인 부정적 Case에 해당될 수 있지만, 언제든 현장에서 흑 리더들이 극복해야 할 다음과 같은 이슈들이 잘 함축되어 있다.

이슈1) 과도한 강한 확신을 바탕으로 결정을 내리지만, 때로는 객관적 데이터보다 자신의 과거 경험에 바탕한 직관이나 신념에 과도하게 의존한다.

이슈2) 구성원들이 리더의 권위에 압도되어 리더 의견에 반하는 다른 의견을 제시하기 어렵다. 이는 집단사고(Groupthink: 토론이나 논쟁을 통해 최선의 결정을 도출하기보다는 한방향으로 쉽게 의견일치를 보이는 현상)를 유발하고, 조직문화에도 부정적 영향을 미칠 수 있다.

이슈3) 빠른 추진력이 강점이 될 수 있지만, 충분한 검토 과정을 생략함으로써 시행착오가 발생할 수 있다.

이슈4) 과감한 결정은 때때로 리스크를 과소평가하여 큰 실패를 야기할 수도 있다.

사례2
리더의 자기성찰 노력과 문제점 개선을 통한 바람직한 성과와 문화 창출

B제약회사의 영업본부장을 맡고 있는 D부사장은 오늘도 직원들 모르게 출근 시간전에 고객사를 방문하고 정시에 사무실로 들어온다. D부사장은 제약사업에서 오랜 경험을 쌓았고, 영업부문 전문경영진으로서 자기관리가 철저하고 카리스마 리더십을 보유한 리더로 정평이 나 있다. 영업직군 특성상 일사분란한 전략 실행이 중요한 점을 감안하여 조직의 위계와 성과중심의 조직관리 원칙을 중시하는 리더이다.

D부사장은 구성원들 입장에서 먼저 다가가기 어렵고, 외근이 많은 업무특성상 모든 구성원들과 자주 미팅을 하기도 쉽지 않았다. 이러한 업무여건과 D부사장의 리더십 스타일에도 불구하고, B社는 업계에서 높은 성과와 낮은 이직율, 그리고 직원들의 업무만족도가 높은 회사로 모두가 인정하고 있다.

이런 결과가 나온 이유로는 D부사장의 여러가지 노력이 영향을 주었다고 할 수 있다. 첫번째로 본인의 의사결정이 적절했는지와 의사결정사항이 제대로 실행되고 있는지를 판단하기 위하여 지속적으로 비공식적인 고객사 방문을 통하여 체크하고, 문제점이 발견될 시에는 즉시 이를 반영하여 수정하여 재시행 했다. 본인의 의사결정에 대한 성찰과 조직적인 전략실행 여부에 대한 체크를 지속적으로 하고 있었던 것이다.

둘째로는, 조직의 비전과 전략, 성과를 공유하기 위한 공식적인 프로그램을 만들어 운영하였다. 신입이나 경력사원이 입사하게 되면 회사의 비전을 공유하고 개개인의 비전 달성과 어떻게 연계시킬 수 있는지를 상호간 이해하는 'Vision Alignment Program'을 D부사장이 직접 주도하여 시행하였다. 이를 통해 신규직원들이 회사를 잘 이해하고 업무몰입도와 만족도를 높일 수 있는 계기를 만들었다. 또한, 영업본부 월례회를 정례화하여 구성원들과 전략과 성과를 공유하고 공식적으로 소통할 수 있는 경로를 만들고, 최대한 의사소통을 강화하려고 노력하였다.

셋째로, 조직 구성원들의 경조사는 반드시 참석하고, 인사부서나 부서장 등을 통해 개인적인 애로사항이 있는 직원들을 파악하고 해결해주고자 하였다. 이는 구성원들의 본인에 대한 심리적 벽을 낮추고, 따뜻한 조직문화를 만들기 위한 것이었다.

상기 사례는 흑리더로서 그 강점과 문제점을 잘 인지하고 성찰하여, 최대한 해결책을 찾아 실행하여, 조직의 성과창출과 바람직한 문화를 만들어낸 좋은 예로 평가할 수 있겠다.

흑리더십은 강력한 추진력과 신속한 의사결정을 통한 성과창출을 기대하지만, 실제 현장에서는 혁신의 정체, 성과 왜곡, 인재 유출, 위기대응 실패 등의 문제를 야기하기도 한다. 급변하는 경영환경 속에서 지속적인 조직의 경쟁우위를 확보하기 위해서는 리더십에 있어서도 적절한 유연성의 발휘가 필요하다 판단된다.

흑리더십의 강점을 유지하되, 상황에 맞게 구성원들의 참여와 소통을 강화하고, 자율성과 창의성을 발휘할 수 있도록 장을 마련하는 것이 요구되는 시대임을 기억하자.

흑리더의 실전에서의 성공을 위한 TIP

- 주요 전략적 의사결정은 리더가, 실행 방안은 구성원의 참여 확대
- 의사결정과정에 다양한 관점을 가진 집단지성 적극 활용
- 정기적인 미팅과 의견수렴 채널 확보 등을 통한 공식,비공식 의사소통 강화
- 일부 권한위임을 통한 자율성과 책임 강화
- 실패를 용인할 수 있고, 아이디어를 존중하는 문화 지향
- 리더 본인의 리더십스타일에 대한 성찰과 유연한 조정

백 리더의 전술은 고단하나, 고무적이다

　　디자인 부서의 최 과장은 팀원들이 실수했을 때 즉각적으로 지적하기보다는, "어떤 점이 어려웠어? 다음엔 어떻게 해볼 수 있을까?"라고 질문을 던졌다. 그리고 그녀의 노력에 팀원들은 자신의 실수를 스스로 분석하고, 개선 방안을 직접 제안하게 되었다. 최 과장은 매주 금요일마다 30분간 회고 시간을 마련해, 각자 배운 점과 개선점을 공유하도록 했다. 이 과정에서 팀원들은 서로의 경험을 배우며, 반복적인 피드백과 회고를 통해 팀 전체의 역량이 꾸준히 성장했다.

　백 리더는 팀원 개개인의 성장과 자율성을 중시한다. 이들은 질문과 경청, 피드백을 통해 팀원 스스로 문제를 해결하도록 돕고, 장기적으로 팀의 역량을 끌어올린다. 백 리더의 핵심적인 실전 전술은 우선 질문을 통한 동기 부여이다. "이 파트에서 네가 가장 잘할 수 있는 건 뭐라고 생각해?"와 같이 팀원 스스로 강점을 찾고 역할을 자발적으로 선택하게 유도하는 것이 좋다.

　다음은 코칭을 중심으로 한 피드백이다. 만약 구성원에게 실수나 어려움이 있을 때, 바로 문제점을 지적하기보다는 "어떤 점이 어려웠어? 다음엔 어떻게 해볼 수 있을까?"와 같이 스스로 답을 찾게 돕는 것이 좋다. 또한 수시로 구성원의 성장 루틴을 설계하는 것이 장기적으로 바람직하다. 예를 들어 업무나 교육 후 회고나 성찰의 시간을 마련해, 각자 배운 점과 개선점을 공유하게 하고, 이를 다음 과제에 반영하도록 하는 것이다. 백 리더의 팀에서는 반복적인 피드백과 성찰이 팀의 성장 문화를 만들어 낸다.

백 리더를 성장시키는 필수 전술, 코칭과 성과관리

리더, 특히나 백 리더에 있어 가장 중요한 임무 중 하나는 구성원을 코칭하고 육성하는 일이다. 조직내 업무를 조율하고 의사결정 하는 일은 리더의 위치까지 올라간 분이라면 누구나 기본적으로 역량을 가지고 있지만 구성원 코칭부분은 의외로 어려워하는 리더들이 의외로 많다.

시중에 많은 도서와 이론들이 존재하지만, 실제 현장에서는 구성원들은 저마다의 특징과 장단점을 가지고 있기 때문에 일관되게 적용할 수 있는 코칭 스킬은 없다. 다만 아래 제시하는 방법은 오랜기간 리더로서 구성원들을 코칭하면서 사용했던 방법들 중 특히 젊은 구성원들을 코칭할때 성과를 얻었던 내용과 제언을 담고 있다.

저성과자 코칭하기

우선 저성과자에 대해선 먼저 지식과 스킬이 문제인지 업무 진행방식에 문제인지에 대한 명확한 원인파악이 중요하다. 단순한 지식과 스킬에 대한 문제라면 내/외부 교육이나 과거 업무 자료 등을 통해 보완을 해 나갈 수 있다. 그러나 업무 진행방식에 문제라면 조금 더 리더의 주의 깊은 관심이 필요하다.

업무 진행방식(흔히 일하는 방식)을 개선하기 위해서는 먼저 과제의 취지와 목적을 파악하는 습관을 가르쳐야 한다. 그러기 위해 리더는 왜 이 보고를 해야 하는지? WHY, 어떤 내용이 포함되어야 하는지? WHAT에 대해 구성원에게 명확히 설명을 하고 의견을 들어야 한다. 일의 취지와 목적없이 일을 하면 본인의 생각과 의견보다는 타인의 지시와 수정 사항에만 신경쓰게 되어 스스로 업무 몰입도와 가치를 낮추는 결과를 만든다. 그리고 업무 추진시 필요한 구성원의 의사소통 능력, 조직간 협업 등의 문제는 선배사원이나 멘토를 통해 실무를 진행하면서 수정해 나갈 수 있도록 지도해야 한다.

대부분의 저성과자는 업무의 난이도와 중요도를 혼동하여 업무속도나 업무 성과가 낮은 경우가 많다. 이러한 경우, 업무 난이도가 쉬운 업무부터 진행할 수 있도록 하고 이후 중요도와 난이도가 높은 업무를 진행할 수 있도록 피드백 한다. 그리고 이후에는 스스로 이러한 우선순위에서 업무가 진행될 수 있도록 체크해 주는 것이 중요하다. 무엇보다 본인이 스스로 해결할 수 없는 업무에 대해선 문제를 누락시키거나 덮어두지 말고 도움을 받을 수 있는 선배사원을 지정해 주는 것이 필요하다.

마지막으로 의외로 백 리더들이 가장 하기 어려워 하는 부분은 쓴소리하기 이다. **성과가 낮은 직원을 코칭하기 위해 문제점에 대한 부정적인 피드백이 반드시 필요하다.** 부정적인 피드백은 성과 관리를 위해 반드시 필요한 기술이지만 자칫 잘못하면 리더의 '듣기 싫은 소리'로 치부될 수 있으며 이는 전체 성과에도 나쁜 영향을 주게 된다. 부정적 피드백을 잘하기 위해선 의사소통의 기술이 필요하다. 바로 긍정적인 의도와 솔직함이다. 피드백이 솔직함만 강조하게 되면 구성원은 무시나 공격으로 받아들일 수 있고 그렇다고 긍정적인 의도만을 중시하면 피드백의 의도가 정확히 전달되지 않을 수 있다.

"김과장! 담당 프로젝트의 기획 의도는 보고를 통해 이해하고 있으나 전체 프로젝트 방향과는 차이가 있어 이대로 계속 진행되면 채택되기 어렵습니다. 세부 진행 계획을 OO방향으로 재설정하시고 진행상 어려운 상황에 대해 수시로 보고해 주세요"

위의 예시처럼 피드백시 구성원에 대한 주관적 감정이나 비하 내용은 철저히 배제하고 객관적인 업무상황에 있어 문제점을 간결하고 정확하게 피드백하되, 이후 지속적인 의사소통이 될 수 있도록 문을 열어주는 것이 중요하다.

또한 일부 젊은 리더 중에는 부정적인 피드백에 대한 자신의 부담을 줄이기 위해 소문이나 다른 사람이 한 얘기인 양 포장하여 피드백을 하는 경우도 있는데 이는 불필요한 구성원간 오해를 만들 수 있고 나아가 조직문화 전체에 대한 신뢰를 떨어뜨릴 수 있으므로 절대 삼가해야 한다.

백 리더의 필수품, 코칭 노트

구성원 성과 관리를 위해 코칭 노트 작성이 꼭 필요하다. 특히 저성과자 관리에 있어 더욱 그러하다. 코칭노트에는 일자별 업무 관련 지시사항과 함께 중간 체크 및 결과에 대한 피드백 내용(대화 포함)이 자세히 담겨야 한다.

리더와 구성원간 업무 지시내용과 피드백을 매번 작성하기란 쉬운 일은 아니다. 그러나 코칭노트가 상세하게 작성될 수록 리더는 구성원의 반복되는 실수나 단점을 명확히 파악하여 개선시킬 수 있는 근거를 마련할 수 있고 반대로 작지만 의미있는 성과 내용을 재발견하여 구성원 개인 평가시 반영할 수 도 있게 된다.

조직관리에 있어 공정성의 가치가 중요해지는 현실을 감안할때 코칭노트는 마이크로 매니지먼트 라기 보다는 구성원 평가의 객관성을 유지하는 주요한 수단이 되어야 한다.

저성과자보다 더 까다로운, 고성과자 코칭하기

리더들은 고성과자들에 대해 관대하다. 그래서 코칭과 조언보다는 믿음과 무한 신뢰로 그들을 대한다. 그들은 성장과 비전에 목말라 하지만 어떤 리더들은 조직 성과 유지의 수단으로 그들을 활용하고 격려한다. 리더와 고성과자 간의 이러한 미스매치는 고성과자를 조직에서 이탈하게 만들고 기존 조직문화까지 해칠 수 있다는 사실을 기억해야 한다.

리더들은 고성과자 목표수립시 더 면밀하게 접근해야 한다. 보통 회사의 업무목표는 1년 단위로 설정되는 경우가 많다. 그러다 보니 업무목표 설정시 담당업무를 중심으로 작년 목표를 일부 수정하거나 약간의 개선과제를 넣어 목표를 세팅하는 경우가 많다. 이럴 경우 업무에 익숙한 고성과자의 경우, 도전적인 목표를 줄이고 현실에 안주하거나 아니면 외부에서 도전적인 목표를 찾기 위해 노력한다. 업무는 구성원 역량에 맞게 적절히 배분되어야 조직 성과를 높일 수 있다. 만약 고성과자의 업무목표가 그들의 역량을 충분히 발휘하여 성과를 만들고 열정을 유지할 수 없는 목표라면 중간 점검을 통해 목표를 높게 조정하여야 한다. 또한 목표의 결과물에 대한 예상도 정확해야 한다. 목표에 대한 결과물이 불명확할 경우 리더는 객관적인 평가가 어려워져 고성과자 유지를 위해 목표가 아닌 개인역량으로 평가하는 경우가 발생한다.

객관적인 평가가 이루어지지 않으면 조직내 이슈가 발생하게 되고 이는 오히려 고성과자의 이탈로 연결될 수 있다. 어떤 리더의 경우 고성과자 관리를 위해 연간 목표보다 경영진 수명업무 중심으로 목표를 관리하는 경우도 있다. 이 경우 그 목표가 도전적인 목표일 경우에는 긍정적인 면도 있지만 그와 반대로 역량을 충분히 발휘하기 어려운 단순업무 일 경우 이 또한 고성과자 유지를 어렵게 만들 수 있다.

또한 성과에 대한 보상에 대한 언급은 최대한 자제하는 것이 좋다. 리더들 중에는 고성과자 유지를 위해 성과에 대한 보상 (금전, 승진

등)을 언급하는 경우가 종종 있다. 고성과자의 외부 이탈을 막고 현 조직에서 같이하고 싶다는 리더의 강한 의지를 보여주는 데는 효과가 일부 있을 수 있다. 그러나 리더라고 할지라도 구성원의 연봉과 승진을 자신의 뜻대로 이루기는 쉽지 않은 일이다. 리더가 구성원을 생각하는 좋은 의도는 이해하나 혹여 그 바람이 제대로 이루어지지 않는다면 구성원이 받는 상심은 오히려 훨씬 더 클 수 있다.

그래서 보상에 대한 결정 권한을 부여받는 극소수의 조직을 제외하면, 고성과자 유지를 위해 리더가 성과에 대한 보상을 먼저 언급하는 것은 절대 해서는 안된다. 고성과자의 경우에는 무엇보다 본인의 브랜드를 중시하는 경향이 뚜렷하다. 그리고 그 브랜드를 나타내는 것이 바로 높은 연봉과 승진이라고 믿는다. 그러나 이러한 보상을 원하는 것은 기본적으로는 조직내에서 안정감을 찾기 위한 방법이라고 생각한다.

조직내 안정감이란 구성원이 자신의 위치와 역할이 존중받고, 예측 가능한 환경에서 안심하고 일할 수 있는 상황을 말한다. 그래서 구성원에게 안정감을 주는 1순위 방법이 반드시 물질적인 보상만은 아닐 수 있다. 리더는 고성과자가 조직 성과에 기여하면서 조직에 필요한 존재임을 스스로 인식시켜 주는 것이 무엇보다 중요하다. 그래야 조직이 성장하면서 자신의 브랜드도 높아질 수 있다는 사실을 알게 되고 이를 통해 얻게 되는 안정감이 고성과자를 더욱 일에 몰입할 수 있게 하는 원동력이 될 수 있다.

더 아껴줘야 하는 고성과자들의 번아웃

관리 최근 연구된 잡포털 (잡코리아 2024년) 통계에 따르면 우리나라 직장인의 69%정도가 번아웃을 경험한 적이 있고 그중 19%는 '자주 경험한다' 라는 응답을 했다. 그만큼 우리나라 직장인들 사이에선 번아웃은 일상적인 단어가 된지 오래다. 통계에는 반영되어 있지는 않지만 번아웃을 자주 경험한다라고 응답한 19% 중에는 아마도 고성과자 비율이 높을 것으로 생각한다. 그 이유는 리더에게 어렵고 중요한 업무가 부여되었을때 조직내 생각나는 사람이 누구인지를 보면 당연한 결과일 것이다.

그러나 고성과자 중심으로 업무가 몰리는 현상은 리더로서 늘 경계해야 한다. 왜냐하면 내가 경험한 고성과자의 경우에는 대부분이 과중한 업무에 대해 사전 경고음을 나타내지 않는다는 것이다. 문제해결은 물론이고 업무의 디테일까지 신경쓰는 고성과자들에게 많은 업무량이 몰리게 되면 그들은 어느 순간 조용히 조직을 떠날 수 있다. 고성과자 번 아웃관리를 위해 프로젝트 베이스의 업무를 부여하고 이후에 휴식과 보상을 지급하는 것은 누구나 가능한 아이디어일 것이다.

그러나 이보다 더 중요한 것은 리더의 인간적인 친밀도를 높이는 일이다. 친밀감을 바탕으로 리더가 먼저 그들의 업무를 중간 체크하고 지원을 할 때 그들도 스스로 리더에게 자신의 애로사항과 고민을 얘기하고 조직 성과를 위해 노력한다는 사실을 알아주었으면 한다.

리버시 리더의 전술은 불가능해보이나, 직접하면 보인다

한 글로벌 컨설팅 회사의 리더는 프로젝트 초반에는 백리더처럼 팀원 각자의 의견을 충분히 듣고, 자율적으로 역할을 분배했다. 하지만 프로젝트 마감이 임박하자, 흑리더의 단호함을 발휘해 "지금부터는 속도가 중요합니다. 각자 맡은 역할에 집중해 주세요. 최종 결정은 제가 내리겠습니다"라고 방향을 전환했다. 팀원들은 장 리더의 유연한 리더십 덕분에, 초기에는 창의적으로 아이디어를 내고, 후반에는 집중력 있게 실행할 수 있었다.

리버시 리더는 무언가 새로운 리더십 유형으로 보이지만, 사실 흑리더와 백리더의 전술을 상황에 따라 유연하게 사용하는, 엄밀히 실존하는 리더의 모습이다. 팀의 역동성과 과제의 성격에 따라, 때로는 강하게 이끌고, 때로는 코칭과 자율에 무게를 두는 것이 핵심이다. 리버시 리더의 실전 전술은 다음과 같다. 우선, 상황별 리더십 전환에 능하다. 위기 상황이나 빠른 결정이 필요한 순간에는 흑리더의 단호함을, 팀원 역량 개발이 중요한 장기 과제에서는 백리더의 코칭을 선택한다.

리버시 리더는 때로는 공감하지만, 필요할 때에는 단호하게 설득한다. 전략적 전환점(전략 피보팅, 역할 재배치)에 대해서는 과감히 리더로서 추진하되, 실행해 앞서 배경과 그 이유는 충분히 설명하고, 공감대를 형성한 뒤 실행에 옮긴다. 리버시 리더의 전술이 가장 빛나는 순간은 바로 피드백의 시간이다. 잘한 점은 즉시 인정하지만, 개선점은 질문과 코칭을 통해 스스로 찾게 하며, 필요시에는 과감한 조치와 명확한 가이드라인을 제시한다.

사실 우리의 현실은 어느 도서에도 담겨있지 않다. 훨씬 더 복잡한 문제를 다루고, 우발적인 돌발 상황들과 매일을 마주하며, 세상에는 정말 이해하기 힘든 다양한 리더와 그 보다 더 많은 수의 팔로워가 존재한다. 나이게 맞는 리더십을 잘 살리고 발휘하는 것도 좋지만, 흑 리더, 백 리더, 리버시 리더의 전술의 각각의 강점을 이해하고, 리더가 처한 상황과 팀의 특성에 맞게 실행력을 높이는 것이 더욱 중요하다.

현실과 동떨어진 이상적인 리더십은 전혀 훌륭하지 않다. 그건 마치 전설속의 동물과 같이, 나와는 상관없는 누군가의 이야기 또는 허구의 소설일 뿐이다. 단지 단 하나라도, 나의 현재의 리더십에 도움이 될 수 있는, 작은 영향력이라도 더 높일 수 있는 전술 하나하나를 고민하고 이를 실천할 때 비로소 어제의 나보다 더 위대한 리더로 성장할 수 있는 것이다.

리버시 리더가 자주 겪게 되는, 나이 많은 구성원과 일하기

보통 리버시 리더의 경우 빠른 승진을 경험하여 동일 연차나 나이에 비해 빠르게 리더 계급을 경험하고 있는 경우가 많다. 또한 꼭 리버시 리더가 아니더라도 성장이 남다른 흑 리더, 백 리더들. 또는 스타트업 기업의 경우나 기존 팀장 포지션이 없어지고 줄어든 조직의 경우 나이나 연차가 어린 리더가 조직을 담당하여 운영하는 경우를 종종 보게 된다.

우리나라 사회에서 나이란 아직도 무시할 수 없는 관습법적인 영향력이 있다. 물론 능력중심의 사회로 변화하면서 조직내 상사와 부하직원간 나이 역전 현상을 자주 볼 수 있지만 그 이면에는 미묘한 감정이 존재한다. 그래서 우리나라에선 나이 많은 구성원 혹은 나이 어린 상사와 같이 일하는 것이 쉬운 일이 아니다. 이에 몇 가지 제언을 남기고자 한다.

첫째, 주요현안에 대해서는 시니어들의 의견을 구해야 한다.

나이 많은 구성원들 중에는 과거 리더를 경험했거나 전문인력으로 성과를 보유한 인력들이 생각보다 많다. 조직 차원에서 이들의 노하우를 활용하지 못하는 것은 효율성 측면에서도 손해가 될 수 있다.

조직운영의 안정성과 이들의 경험과 노하우를 잘 활용하기 위해 리더는 조직의 현안 이슈(보안사항 제외)에 대해 격의 없는 소통을 해야 한다. 정중과 배려를 바탕으로 이슈사항에 대해 문제점이 무엇인지, 해결방안에 대해 어떻게 생각하는지에 대해 먼저 다가가 물어보는 것이 좋다.

이러한 리더의 질문을 통해 경험 많은 구성원들의 질 높은 의견을 청취할 수도 있고 또 다른 측면에서 '우리 리더는 나를 업무 파트너로 존중해 준다'는 의식이 생기면서 조직운영의 안정성도 찾을 수 있다.

둘째, 시니어에 대한 지나친 배려는 지양해야 한다.

리더가 나이 많은 구성원이 어렵다고 생각하여 지나친 배려를 하는 것은 되려 악영향이 많다. 일부 리더 중에는 선배 사원들을 배려해야 한다는 생각에서 과거 직책을 호명하거나 특별한 성과 없이도 높은 평가를 부여하는 등 그들을 예우하기 위해 노력한다. 그러나 이러한 배려는 조직내 자유로운 의사소통을 가로막게 된다. 일부 구성원들은 리더와 소통하기 위해 선배사원을 통해야 더 쉽게 의사소통 할 수 있다고 생각하게 되고 이는 조직내 옥상옥 구조를 만들 수 있다.

또한 이러한 내부의 끼리끼리 문화는 구성원 간의 공정성 이슈를 불러 일으킬 수 있어 리더의 리더십에 큰 오점을 남길 수 있다. 그리고 이는 궁극적으로 선배사원의 조직생활을 더 어렵게 만드는 원인이 될 수 있다.

리더와 구성원의 구분은 명확해야 한다. 주요 의사결정에 대해 여러사람, 특히 선배사원들의 의견을 청취하는 것은 좋지만 결국 결정은 리더가 하고 책임지는 것이다. 선배사원에 대한 배려도 구성원 차원에서 이루어져야 한다.

셋째 전문성 중심으로 업무를 배치한다.

나이 많은 구성원들의 업무 배치에 대해 고민하는 리더가 있다면 나는 그들이 가지고 있는 전문성을 찾아 배치하는 게 바람직하다. 그들에 대해 혹자는 새로움과 전문성이 부족하다고 얘기하는 경우도 있지만 실상 같이 일해보면 그들은 조직의 변화를 경험하며 본인의 분야에서 쌓은 노하우를 가지고 있는 전문인력인 경우가 대부분이다.

조직은 늘 새로운 도전과 경영환경에 적응하며 생존한다. 새로운 기술과 지식이 조직의 변화를 주도하는 것은 사실이지만 그 이면에는 문제해결 방식과 우리 조직의 적응력 등의 문제로 조직은 늘 혼란에 휩싸이게 된다. 이럴 때 경험을 가진 베테랑 사원의 경험과 노하우는 변화를 내재화하고 불필요한 불협화음을 줄이는데 큰 역할을 할 수 있다.

베테랑이 가진 판단력과 젊은 세대의 추진력을 아우를 수 있는 세대 융합 리더십은 리버시 리더 뿐만 아니라 모든 조직리더가 앞으로 갖추어야 할 필수적인 자질이다.

편지 리더에게 전하지 못한 말들

[리더십의 거성ㅁ로, 임원에게 보내는 편지]

존경하는 임원 여러분들께,

이 순간에도 어디에선가 수많은 이슈들을 해결하기 위해 고민하고 계실 임원 여러분들의 모습이 눈에 선합니다. 조직에 비전과 방향을 제시하고, 구성원들을 이끌며 성과를 창출해야 하는 그 위치가 급변하는 국내외 정치경제상황으로 인해 어느 때보다 힘들고 어려움이 많으실 겁니다. 그럼에도 불구하고, 누구에게도 편히 하소연하지도 못하고 의연한 모습을 지켜야하는 것이 또한 임원이라는 자리이지요. 임원은 조직의 최상위 리더 위치에 있다보니 어떻게 리더십을 발휘하느냐에 따라 그 회사 또는 조직의 성패가 좌우될 만큼 중요하다는 점은 모두가 인지하고 계실겁니다.

본 저서에서 현장에서 리더십의 개발과 실질적인 성과창출 연계를 위하여 다소 이론적이고 학구적인 접근과 방향을 제시하였습니다만, 리더십은 함께 일하는 구성원과 동료를 이해하고, 신뢰를 쌓으며, 마음을 나누는 과정이라 생각합니다.

때로는 다소 권위적인 지시와 결단이 필요하지만, 가장 중요한 것은 구성원들이 마음 편히 신뢰하며 따라올 수 있도록 지속적으로 따뜻하게 손을 내밀어주는 것입니다. AI시대에 가장 중요한 리더의 덕목 중 하나는 조직 구성원 한명 한명이 주도성을 발휘할 수 있도록 동기부여하는 것이라고 합니다. 임원 여러분 한 분 한 분의 리더십은 조직을 이끌어 성과를 창출하는 힘을 넘어서, 구성원 들의 삶과 성장에도 깊은 영향을 미칩니다. 작은 배려와 진심 어린 대화가 누군가에게는 큰 용기가 되고, 구성원 한명 한명 그 에너지가 모여 조직 전체를 움직이는 힘이 됩니다. 또 반대의 경우 누군가에게는 인생의 큰 상흔으로 남을 수도 있다는 점을 명심하셨으면 합니다.

끊임없이 어렵고 큰 도전들이 기다리고 있겠지만, 자만심보다는 지속적인 학습과 자기성찰, 그리고 구성원들과 신뢰와 조직력을 쌓아간다면 충분히 해결해 나가실 겁니다. 임원 여러분의 큰 마음으로 발휘되는 리더십이 조직을 단단하게 하고, 더 밝은 미래로 이끌어줄 것입니다. 마지막으로 조직에 몰입하여 제대로 돌보지 못한 건강과 가정에도 반드시 시간을 할애하여 스스로의 행복한 삶에도 힘을 기울이시기 바랍니다. 누구나 영원히 그 자리에 머물 수는 없을 겁니다. 그 때는 나의 곁을 묵묵히 지켜주었던 가족과 건강이 가장 소중하게 느껴지실 겁니다. 지금 이순간, 또 앞으로 내딛는 한걸음 한걸음이 조직과 사회에 기여하고, 자부심으로 남게 되기를 저 또한 따뜻한 마음으로 기원하겠습니다.

지금 이 시대를 리딩하는 임원님들께
저자 이상렬 올림

[리더십 전략 실행의 중심, 부장에게 보내는 편지]

특히 신임 리더인 부장님들께

먼저 적지 않은 시간동안 담당 업무에서 노력과 성과를 인정받아 리더의 자리에 오르신 분들께 축하의 말씀을 전합니다. 조직에서 리더가 된다는 것은 한 개인이 조직생활을 하는데 있어 가장 큰 변곡점이라고 생각합니다. 이러한 변화의 중심에 선 여러분에게 리더로 성장해 나가는데 있어 작은 도움이 되고자 하는 마음에 참고할 만한 내용을 아래와 같이 드리고자 합니다.

첫째, 리더는 책임감이 중요합니다. 리더가 되면 조직 내에서 많은 변화가 생깁니다. 업무 자리도 바뀌게 되고 금전적인 보상도 늘어나고 업무 권한과 범위도 넓어집니다. 그러나 이렇게 부여된 권한과 혜택의 크기만큼 늘 책임이 뒤따르게 됩니다. 이제는 본인의 실수뿐만 아니라 구성원의 실수도 책임을 져야 합니다. 어떻게 보면 조직에서 리더는 책임을 지는 사람입니다. 그렇다고 책임을 두려워하지 마십시오. 구성원들은 리더의 무거운 책임을 이해하기 때문에 리더를 존경하고 지시를 따르는 겁니다. 성과가 좋을 때는 누구나 리더가 될 수 있습니다. 그러나 진정한 리더는 실패의 순간 혹은 위기의 순간, 무거운 책임감 가지고 묵묵히 구성원을 리드할 때 비로소 빛을 발할 수 있습니다. 책임감을 단순히 리더의 의무라고 생각

하기 보다 구성원의 신뢰와 존중을 얻는 출발점이라고 생각할 때 리더로서의 보람도 찾을 수 있습니다.

둘째, *리더는 배우는 자세가 필요합니다.* 구성원 시절 열심히 자기개발을 하던 사람도 리더가 되면 배움에 인색해집니다. 새로운 관계 형성과 조직관리로 시간을 할애하다 보면 당연히 그럴 수 있습니다. 그러나 리더 스스로가 배우지 않으면 제일 먼저 구성원들이 알게 되고 이것이 지속되면 리더에 대한 신뢰가 약해집니다. 리더는 업무에 대한 전문성도 중요하지만 세상 돌아가는 것에 대한 좀 더 넓은 차원의 지식이 필요합니다. 배움을 너무 거창하게 생각하지 마십시오. 조직내 동료 뿐만 아니라 동종업계 동료들과 자주 이야기 하다보면 살아있는 지식을 많이 배울 수 있습니다. 배움은 작은 궁금증에 대한 질문부터 시작됩니다. 특히 모르는 내용이 있으면 구성원들에게도 자주 물어보십시오. 구성원들에게 묻고 답변을 듣다 보면 그들이 리더에게 주는 지식이 무엇보다 중요하다는 것을 깨닫게 될 것입니다.

셋째, *리더는 구성원을 귀하게 여겨야 합니다.* 리더가 되면 자리 배치가 바뀌게 됩니다. 조직마다 다를 수는 있지만 대부분 구성원들은 각자 마주보며 일하는 배치지만 리더는 구성원을 보며 일하는 자리로 바뀝니다. 자리 배치가 주는 의미처럼 리더는 구성원을 보며 함께 일해야 합니다. 리더는 구성원이 있어야 존재할 수 있습니다. 그런데 신임리더들 중에는 구성원들을 본인을 위해 일하는 사람으로 여기는 경우도 있습니다. 그래서 자신의 생각과 맞는 사람만 챙기고 고민없이 내린 의사결정을 처리하기 위해 구성원들의 시간과 노력을 빼앗기도 합니다. 때로는 잘못된 의사결정에 대한 책임을 구성원에게 돌리는 경우도 있습니다. 조직의 성과는 리더에 대한 구성원 신뢰와 깊은 상관관계가 있습니다. 리더가 일 시키는 사람이 아닌 같이 일하는 유능한 파트너로 인식할 때 구성원은 일과 조직에 몰입합니다. 구성원들을 귀하게 여기세요. 그래야 본인이 빛날 수 있습니다.

여러분이 앞으로 펼쳐갈 리더로서의 여정이 쉽지만은 않을 것입니다. 그러나 조직에 대한 책임감과 늘 배우는 자세, 그리고 구성원과의 진정한 관계 맺음이 여러분을 훌륭한 리더로 성장시켜 줄 것입니다.

지금 조직 리더십의 중심, 부장님들께
저자 서남식 올림

[리더십의 최전방에 서있는, 과장에게 보내는 편지]

특히 매일이 불안하고 위아래로 끼어 사는,
과장급 리더 또는 서브 리더님들께

저는 약 7전전쯤 회사 재직시절 과장으로 승진했었던 기억이 납니다. 직급이 높아질수록 기쁨보다는 부담감이 커지기 시작하는게, 딱 이 과장때부터인것 같아요. 혹시 과거에 저처럼 "나는 라떼는 말이야라는 말은 절대 하지 않겠어!"라고 다짐하시지는 않았나요?

하지만 어느새 따뜻하고 진한 라떼의 기억들이 가끔 떠오를 때가 있습니다. 더 빨라지고 높아진 기대 속에서, 여전히 연결과 버팀의 힘으로 하루하루 버티고 있을 당신. 아마도 과장이 조직의 중간에서 가교 역할을 하는 주인공이기 때문이기에 더 많은 하중이 부하되는 것은 아닌가 싶습니다.

중간에서 버티는 건 결코 쉽지 않은 일입니다. 속도와 성과, 거기에 리더십까지 끊임없는 요구가 밀려옵니다. 게다가 이제는 AI를 활용하는 것은 선택이 아닌 필수인 시대가 되었습니다. 이와 같은 변화의 속도에 가끔은 눈이 어지럽고 숨도 가쁘지만, 우리는 기꺼이 현재와 마주하며 다시 나아가야 합니다.

또한 중요한 것은 지금 이 시기가 의도적으로 리더십의 색깔과 역량을 개발하기 가장 좋은 시기라는 점입니다. 구성원이나 후배를 대상으로 다양한 리더십 기회를 그 성공과 실패에 관계없이 마음껏 펼쳐보시기를, 그 안에서 과장님만의 아름다운 리더십 색채를 만들어 보시기를 바랍니다. 세상에는 똑같은 리더십도, 정답이 하나인 리더십도 존재하지 않습니다.

흑백처럼 명확하지 않은 현실 속에서, 리더로서 또는 서브 리더(주무사원)으로서, 우리 과장님들의 자리는 종종 외롭고 힘겨울 수 있지만, 그 온기와 결단이 조직 모두에게 따뜻한 색을 칠해준다는 사실을 잊지 않았으면 합니다. 감정이 흔들릴 때마다 스스로를 다독이며, 진심을 담은 관심과 신뢰로 팀원 한 명 한 명을 특별하게 만들어가는 그 여정이 결국 모두의 성장과 행복으로 이어진다는 것을 꼭 기억해 주시면 좋겠습니다.

오늘 하루도 버텨준 과장님 감사합니다, 덕분에 과장님의 조직이 건재합니다. 꾸준히 나아간다면 내일의 변화도 너무 빠르거나 느리지 않을 것입니다.

탁월함은 완벽이 아니라 꾸준히 나아가는 또 다른 이름이기에.
지금 이 시대를 함께 건너가는 과장님들께
저자 이재하 올림

Chapter 4

AI 시대, 리더의 미래

AI가 대체할 수 없는 것들

　AI 시대에도 리더의 본질적 힘, 즉 비전 제시, 공감과 소통, 윤리적 판단, 동기부여, 감정관리는 결코 AI로 대체될 수 없는 인간 고유의 역량이다. AI는 모든 정보를 분석할 수 있지만, 미래를 보는 시각과 조직의 정체성을 설계하는 일은 오직 리더만이 할 수 있다. 리더는 불확실성의 시대에도 구성원들에게 '왜 이 일을 하는가', '우리의 목표는 무엇인가'를 명확하게 제시해야 한다. 청명한 비전은 조직을 하나로 묶는 중심이 되며, 급변하는 시장 상황에서 흔들리지 않는 가치와 목표를 제시하는 것은 앞으로도 인간 리더의 고유 영역일 수밖에 없다.

　AI 시대의 비전 제시는 '데이터 기반 사고'와 '창의적 상상력'의 결합으로 더욱 힘을 발휘한다. 흑백리더십의 관점에서 본다면 흑 리더십에서의 이성적 분석과 백 리더십에서의 감성적 통찰이 함께 융합되어야, 비로소 사람을 통해 작동하며, 구성원의 열정과 몰입을 이끌어내는 비전이 탄생할 수 있다. 특히 공감과 소통은 마음을 연결하는 리더십의 필수 스킬이다.

물론 공감과 소통의 행위는 AI가 모방할 수 있지만, 결코 진정성까지는 흉내낼 수 없는 인간만의 독특한 능력이다. 리더는 팀원 개개인의 감정과 행동 맥락을 세밀하게 파악하여, 신뢰의 토대를 쌓고 건강한 관계를 형성해야 한다. 공감이 높은 리더의 팀이 변화에 더 잘 적응하고, 성과도 높다는 사실은 이미 많은 연구를 통해 드러난 사실이다. 특히나 백 리더십의 근간인 구성원 마음을 읽고 경청하는 능력은 리더의 진정성 있는 대화로 조직의 신뢰와 결속력을 증폭시킨다.

한편, 데이터가 풍부한 시대일수록 윤리적 판단은 더욱 중요성이 커지며, 이와 같은 윤리적 판단을 중시하는 문화는 오직 인간 리더가 조직에 심어줄 수 있는 문화이다. AI의 정보와 알고리즘은 많은 결정에 도움을 주지만, 불확실하거나 딜레마적 상황에서 '이것이 옳은가'라는 판단을 결코 내릴 수 없다. 이때 최종적으로 이것을 결정하는 것은 온전히 인간 리더의 몫이다.

더 나아가 조직의 평판, 직원들의 신뢰, 사회적 책임은 리더 개인의 윤리의식과 크게 맞닿아 있다. 성과 창출과 기준 준수, 하면 좋은 일과 해야 하는 일 사이의 균형은, 구성원의 행동뿐 아니라 조직의 모든 이해관계자에게 책임 있는 결정을 내리는 기준점이 되기 때문에 더욱 중요하다. 그렇기에 AI 윤리, 데이터 프라이버시, 지속가능한 성장 등 새로운 도전에 리더가 모범을 보일 때 조직의 미래도 밝아질 수 있을 것이다.

정교화된 AI는 앞으로 성과와 목표도 스스로 관리할 수 있을 것이다. 하지만 개별 구성원에게 영감을 주고 개인의 성장 동기를 자극하는 것 역시 인간 리더만이 할 수 있는 일이다. 리더는 자신의 스토리와 창의적 사고를 기반으로 조직 구성원 각자가 의미를 강하게 느낄 수 있게 만들어야 한다. 흑백리더십에서 '백'의 감정적 지원과 '흑'의 전략적 목표 제시가 합쳐질 때, 구성원이 자신의 역할에 확신을 가지게 될 것이다. 동기부여는 데이터와 단순 지시문이 아닌, 인간 리더가 직접 건네는 관심과 도전의 메시지에서 비롯되는 것이다.

무엇보다 회사는 사람이 모여 일하는 곳이다. 설사 AI가 수집되는 일부 감정 데이터를 해석하거나 분석할 수는 있겠지만, 실제 감정의 흐름을 관리하고 조직의 기운을 조율하는 일은 온전히 리더의 핵심 역량이다. 리더는 자신의 감정을 조절함으로써 위기 상황에서 침착함을 유지하고, 갈등을 해결해 나가야 하며, 동시에 팀 구성원들의 감정 흐름을 면밀이 주시하고 필요시 개입할 수 있어야 한다. 자신 그리고 타인에 대한 감정관리 능력이 높은 리더는 스트레스와 충돌을 부드럽게 중재하여, 조직의 분위기를 건강하게 유지할 수 있다.

AI시대에 리더는 더 이상 통제자가 아니라, 조력자이자 연결자로 변화하고 있다. 서두부터 흑백리더십의 특정 유형이 다른 유형보다 우선한다고 볼 수 없음을 강조하였다. 다만 균형은 중요하다. 현재 조직 환경과 직무 특성에 적합하고, 경험으로 체득된 자신만의 리더십을 우선 갖추고, 흑과 백의 적절한 균형을 통해 오직 인간만이 할 수 있는 '창의적 문제해결', '공감 소통', '윤리 실천', '감정관리'를 AI 와 함께 실천해야 한다. 마치 팀의 오케스트라를 이끄는 지휘자처럼, 개별 구성원(사람)과 AI(도구)의 조화로운 밸런스를 디자인하는 리더의 밸런싱 능력이 앞으로 조직 성공의 동력이 될 것이다.

AI를 활용한 인간 중심의 리더십

AI와 자동화 기술이 급격히 확산되면서, 기업마다 조직 운영 방식과 경쟁 법칙이 급변하고 있다. 그러나 AI의 대체와 일자리 감소 우려 속에서도 인간 리더십의 중요성은 더욱 더 높아지고 있다. 기계와 알고리즘이 처리할 수 없는 '사람의 마음', '미래 비전 제시', '조직문화 창출'은 오직 인간 리더만 할 수 있는 역할이기 때문이다. 한 예로 고운세상코스메틱은 10년간 매출 22배 성장, 초저출산 시대에도 '사내 출산율 2.7명'이라는 기적 같은 성과를 거둔 기업이다. 이주호 대표는 '프로텍터십Protector-ship'을 핵심 경영철학으로 내세워, 직원 한 사람 한 사람을 '보호할 대상이자 동반자'로 대한다.

이들은 직원 복지 최상급 향상, 육아 지원, 워라밸 강화로 신뢰 기반 조직문화를 조성했다. '1인 기업가들의 공동체'라는 비전을 제시, 자립과 연대를 통해 성장하는 조직을 만들었으며, 구성원 개개인이 역할에 몰입하고 장기적 소속감을 갖도록 '인간 중심 성장'을 끊임없이 강조했다. 이 대표의 사례는 AI 도구로 반복 업무를 도와주면서도 결국 '사람을 지키고 성장시키는 리더십'이 조직의 지속 성장 동력임을 보여준다. 이런 인간 중심 리더십은 5년 연속 '한국에서 존경받는 CEO' 수상으로도 증명되었다.

한편 마이크로소프트는 AI 보조도구인 '코파일럿'을 통해 직원 업무 부담을 줄이는 한편, 리더들이 변화관리자이자 코치 역할을 수행했다. AI가 회의 요약, 일정관리, 실시간 자료 협업을 지원해 직원들이 더 전략적·창의적 업무에 집중 가능하도록 돕고, 리더들은 심리적 안전감을 조성하고, 실험을 장려하는 문화를 퍼뜨려 전통적 권위주의를 완화했다. 또한 AI와 인간이 조화를 이루는 조직 문화를 통해 혁신과 몰입도가 모두 향상됨으로써 코로나 이후 빠른 회복과 성장 주도할 수 있게 되었다. 일본 라쿠텐 그룹 CEO 미키타니 히로시는 AI를 '부조종사'로 비유, 인간과 AI의 협업을 강조했다.

이처럼 AI 효율성을 도입하되, 직원 창의성과 독창성을 존중하는 인간 중심 경영은 앞으로 지배적인 경영과 리더십 트렌드로 자리잡을 전망이다. AI 도입 이후 조직 내 업무 패러다임 변화 관리를 위한 리더십 강화와 투명한 의사소통은 핵심요소가 되었다. 또한 이와같은 기업에서는 데이터 기반 의사결정과 인간적 배려가 조화를 이루며 조직 안정성을 유지하고 있다. 이미 포춘 500대 기업의 85%가 AI 도입을 통한 업무 생산성 극대화를 실현하고 있으며, AI는 이제 단순한 도구가 아닌 기업의 메인 플레이어, 핵심 행위자로서 함께 일하고 있다.

결국 리더는 이와 같은 기조 하에서 AI를 활용하여 생산성을 극대화하되, 확보된 여유 시간만큼 인간적 통찰력과 인간 중심의 리더십 실천을 통해 오직 사람인 리더만이 할 수 있는 핵심 역량을 펼쳐 보여야 할 것이다. AI 자동화 업무가 늘어날수록 리더의 '변화관리'와 '심리적 지지' 역할은 필수 불가결하며 무한 경쟁과 불확실성 속에 '비전 제시'와 '조직 정체성 확립' 역할이 증대되고 있다. 또한 AI와 공존하는 조직에서 리더만이 통합적 관점과 윤리적 판단을 제공할 수 있으며, AI가 할 수 없는 '감성과 창의성' 역량 강화에 집중하도록 이끄는 것이 리더 역할일 것이다. 즉, AI 시대에 일자리가 줄어드는 것만큼이나 '진정한 사람 관리'와 '혁신 촉진'은 점점더 중요해지며, 기술 발전과 함께 리더십 패러다임도 진화하고 있는 것이다.

AI가 팽배한 환경에서도 '사람을 동반자이자 성장 주체'로 존중하는 리더만이 조직의 미래를 개척한다. 반면 리더가 변화와 학습을 멈추고 고착되면 조직은 쇠퇴한다는 점도 명확하다. AI가 대체 못하는 최후의 보루는 '따뜻한 인간성', '명확한 비전 제시', '윤리적 책임'이라는 인간 리더십 본질이며, AI 시대에도 가장 강력한 경쟁력이다. 이러한 통찰과 사례가 AI 시대 조직과 리더가 나아가야 할 길을 밝히는 나침반이 되길 바란다.

생각해보기 – AI는 도구가 아닌 행위자(구성원)이다

1) 도구가 아닌 행위자, AI Bruno Latour's Actor-Network Theory

브루노 라투르의 행위자-네트워크 이론(Actor-Network Theory, ANT)은 사회 현상과 기술 발전을 인간과 비인간 모두가 서로 연결되어 영향을 주고받는 '네트워크'로 바라보는 이론이다. 이 이론은 사람뿐 아니라 사물, 기술, 개념 등 모든 것을 '행위자Actor'로 간주하여, 모두가 네트워크 안에서 능동적으로 역할을 수행한다고 본다.

이 이론에 따르면 AI(인공지능)는 단순한 도구가 아니라, 네트워크 안에서 독자적인 '행위자'로 작용한다. 예를 들어, 직장에서 AI는 업무 자동화, 의사결정 지원, 정보 처리 등을 통해 조직 내 인간 구성원과 상호작용하고 영향을 미친다. AI 챗봇은 고객 문의 응대 과정에서 사용자와 소통하며, 스케줄 관리, 데이터 분석 도구는 중간관리자의 업무 절차에 변화를 준다. 이처럼 AI는 사람들과 연결되어 있기에 인간과 함께 네트워크 내 행위를 수행하는 동등한 주체로 볼 수 있다.

이 이론에서 가장 중요한 개념 중 하나는 네트워크이다. AI와 인간, 그리고 관련된 기술·장비·규칙·문화적 맥락 등이 모두 하나의 네트워크를 이루며 상호작용한다. 예를 들어, 한 기업에서 AI 시스템을 도입하기 위해서는 AI 개발자, 사용자(직원), IT인프라, 데이터, 조직 정책 등 다양한 행위자들이 협력하고 조율해야 한다. AI가 내린 판단과 결과를 사람은 해석하고 활용하며, 또 AI는 피드백을 받아 계속 진화한다. 이런 관계들은 고정되어 있지 않고 계속 변하며 네트워크가 확장, 재구성되는 과정을 겪는다.

결국 한 조직에서 AI의 존재의 의미는 어떻게 '번역' 되는지에 따라 달라진다. 행위자-네트워크 이론의 또 하나의 중요한 개념인 '번역Translation'은 AI와 인간, 그리고 조직 내 여러 행위자들이 이해관계와 역할을 조정하는 과정을 의미한다. 예컨대, AI를 도입하는 과정에서 경영진은 비용 절감과 효율성을 목표로 하고, 직원은 업무 변화에 대해 우려할 수 있다. AI 개발자는 기술적 한계를 설명하고, IT 부서는 지원 체계를 마련한다. 이 행위자들이 서로의 기대와 요구를 조율하며 AI 시스템이 조직 내에서 안정적으로 자리잡게 되는 과정을 '번역'이라 부른다.

행위자-네트워크 이론은 AI처럼 복잡한 기술 시스템이 사람들과 어떻게 협력하고 영향을 주고받는지 이해하는 데 매우 유용한 이론이다. AI는 단순한 도구가 아니라, 네트워크에서 인간과 함께 작동하며 사회·조직 현상을 만드는 중요한 행위자임을 인정할 필요가 있다. 이와 같은 관점은 AI의 기술적 특성 뿐만 아니라, 이를 둘러싼 인간·문화·제도적 맥락까지 포괄적으로 살펴볼 수 있게 도와주기 때문이다. 이처럼 ANT는 AI가 포함된 현대 조직과 사회의 복잡한 관계를 해석하고, 기술과 인간의 조화로운 상호작용을 촉진하는 데 필수적인 이론적 틀을 제공한다.

2) AI와 함께 성장하기 Manuel Castells의 The Rise of the Network Society

정보통신기술ICT의 발전과 세계화가 주도하는 새로운 사회 변화를 포착한 기념비적인 저서이다. 이 책에서 Castells는 20세기 후반부터 시작된 '네트워크 사회Network Society'라는 새로운 사회형태를 제시하며, 경제, 사회, 문화의 구조와 작동 원리가 기존의 산업사회와 근본적으로 달라졌다고 주장한다. Castells는 네트워크 사회의 핵심을 '정보'와 '네트워크'에서 찾는다. 과거 산업사회의 중심 단위가 공장과 기업이었다면, 오늘날 정보의 흐름과 연결망network이 사회 조직과 경제 활동의 가장 기본적인 단위가 되었다고 본다.

이 네트워크는 시간과 공간의 개념을 변화시키며, '흐름의 공간Space of Flows'과 '무시간성Timeless Time'으로 대표되는 새로운 사회 환경을 만든다. 즉, 글로벌 자본, 정보, 문화가 실시간으로 연결되고 교환되는 가운데 전통적인 국가나 장소의 영향력은 상대적으로 약화되며, 대신 네트워크를 통제하고 연결하는 역량이 권력의 핵심이 된다. 또한, 정보경제Informational Economy는 노동, 고용, 조직구조 등에도 변화를 몰고 와 불안정한 노동 형태의 확산과 사회적 양극화를 초래하기도 한다(Manuel Castells, 1996; Wikipedia, 2012).

Castells가 제시한 네트워크 사회의 틀 안에서 AI 시대 직장인이 성공적으로 적응하고 성장하기 위해서는 다음과 같은 전략과 자세가 필요하다.

① 네트워크 역량 강화 및 융합적 소통

네트워크 사회에서는 '연결'이 곧 힘이다. AI가 자동화하는 반복 업무와 달리 인간은 네트워크 내에서 복잡한 관계를 조정하고 협력하는 데 강점이 있다. 직장인은 다양한 부서, 전문가, AI 시스템 등과 소통하고 협력하는 역량을 키워야 하며, 자신의 전문성을 다른 분야와 융합해 새로운 가치를 창출하는 역할을 수행해야 한다.

② 정보와 기술에 대한 능동적 이해와 활용

빠르게 변하는 AI와 디지털 기술에 대한 기본 이해력과 활용 능력은 필수이다. Castells가 지적한 '흐름의 공간'에서 정보가 곧 경쟁력이므로, 최신 기술을 수용하고 업무에 적극 활용하면서도 비판적 안목을 갖는 능력이 요구된다. AI 도구를 단순히 사용하는 사람을 넘어 '기술과 인간의 협력자'가 되어야 한다.

③ 불확실성 속에서의 유연성과 자기주도성

네트워크 사회의 비정형 노동 환경과 AI의 도입으로 직무와 역할이 계속 변한다. 직장인은 변화에 능동적으로 대응하고, 스스로 학습하고 진화하는 '자기주도형 러너'가 되어야 한다. 특정 기술이나 업무에 안주하지 말고 폭넓은 시각과 역량으로 미래를 설계해야 한다.

④ 인간성 강화와 창의적 리더십

AI가 기계적 업무를 대체하는 시대에 오히려 감성, 윤리, 창의성, 협력능력 같은 인간 고유 역량이 중요해진다. 타인과의 소통, 문제 해결, 창의적 사고를 통해 AI와 차별화된 가치를 만들어내는 '인간 중심 리더십'을 발휘하는 것이 장기적으로 경쟁력을 좌우한다.

⑤ 사회적·문화적 맥락 이해와 역할 인식

Castells가 말한 대로 '네트워크'는 단순히 기술적 연결이 아니라 경제, 문화, 정치가 얽힌 복합체이다. 직장인은 자신의 역할이 큰 사회 네트워크 일부임을 인식하고, 윤리적이고 책임감 있는 자세로 조직과 사회에 긍정적 영향을 미치려 노력해야 한다.

『The Rise of the Network Society』는 네트워크와 정보가 지배하는 오늘날 사회를 통찰하며, AI가 가속화하는 변화 속에서 인간의 역할과 역량 재정립이 필수임을 강조한다. AI 시대 직장인은 네트워크 역량, 기술 활용력, 창의성, 인간성, 자기주도성을 바탕으로 변화에 능동적으로 적응하며 새로운 가치를 창출해야 한다. 이를 통해 단순한 노동자가 아니라, 네트워크 사회의 주체자, 즉 '연결하는 힘'으로 성장할 수 있을 것이다.

AI 시대가 요구하는
새로운 자질

　AI의 등장은 리더가 갖춰야 할 자질을 근본적으로 변화시키고 있다. AI 시대의 리더는 기존의 카리스마·통제형 리더십에서 벗어나, 디지털 리터러시, 감성지능^{EQ}, 전략적 통찰력, 협업과 코칭 능력, 윤리적 책임, 변화관리 등 복합적 역량을 갖추는 방향으로 재정의되고 있다. 우선, AI와 데이터를 읽고 활용하는 능력은 이제 리더의 기본 자질이 되어버렸다.

　단순한 기술 습득을 넘어, AI가 제공하는 정보의 맥락과 한계(오류·편향 가능성), 그리고 비즈니스 적용 방안을 전략적으로 해석할 수 있는 이 능력은 AI 전환 과정에서 '데이터 기반 의사결정'이라는 이름으로 그 중요성이 높아지고 있다. 리더의 오랜 경험에서 우러난 판단, 타고난 직관 등으로 결정을 내리는 리더의 시대는 분명히 저물고 있다.

　한편 AI 시대에 살고 있는 지금, 리더나 선배보다 AI를 신뢰하는 구성원들을 어떻게 이끌 수 있을까? 그렇기에 기존에도 강조되었던 감성지능과 정서적 리더십의 중요성은 더욱 더 대두되고 있다. AI가 정보를 빠르게 처리할지라도, 정서적 공감과 신뢰 구축은 여전히 인간 리더에게 필요한 핵심 역량이다.

위와 같은 기조에서 뇌과학자인 대니얼 골면Daniel Goleman은 성과 예측에서 감성지능이 인지능력IQ보다 두 배 더 중요하다고 언급하며, 리더가 탁월한 성과를 내려면 감성지능이 필수적이라고 강조했다. 또한 앞으로 리더의 전략적 통찰력과 미래 지향성은 더 중요해질 역량이다.

AI는 과거와 현재의 팩트는 잘 분석하지만, 미래의 시나리오를 설계하는 전략적 통찰력은 리더의 몫이다. 리더는 AI를 조직의 목표 달성과 업무 프로세스에 어떻게 녹일 것인지, 그리고 기술이 팀원 개개인의 성장과 조직의 가치에 어떻게 기여해야 하는지를 판단해야 한다. 또한 협업과 코칭, 성장 촉진자 역할이 중요하다.

이제 모두가 접근 가능한 정보로, 정보의 퀄리티가 평준화되고, 결정은 함께 만드는 시대를 살고 있다. 이런 AI시대에 리더는 협업을 조율하고, 팀원들의 가능성을 이끌어내는 '코치'로서의 자질이 중요해졌다. AI와 함께 팀의 문화를 설계하고, 구성원들의 성장과 역량 계발을 돕는 촉진자 역할이 부각되고 있는 것이다.

이상의 논의를 흑백리더십의 관점에서 본다면, 흑 리더십 유형의 리더들은 데이터와 AI 기술을 통해 전략·의사결정의 합리성과 효율을 높이는 지성적 역량개발이 단기적으로 좋을 것이며, 백 리더십의 경우 정서적 공감, 관계 형성, 윤리의식, 변화관리 등 인간 중심의 소통과 성장 촉진 능력을 향상시키면 좋을 것이다.

다만 장기적으로는 AI시대에 리더로써 앞으로 이 둘을 균형감있게 사용할 수 있는 리버시 리더십 기술을 활용해 인간의 본질적 힘(창의성과 가치)을 극대화하는 미래형 리더로 진화하기 위해 노력할 필요가 있다.

AI 시대, 리더의 핵심 자질 = '융합 능력'

AI에 열려 있으면서, 기술과 인간 중심 가치를 함께 디자인하는 융합형 리더가 앞으로 AI 시대를 이끌어갈 것으로 기대한다. 즉, 데이터와 감성, 창의성과 윤리, 팀과 개인 성장 등 다양한 자질의 통합이 리더십의 경쟁력이 된다. AI가 바꾼 변화의 본질인 연결성, 진정성, 지속성을 기반으로 한 융합 능력을 가진 리더야 말로 한치 앞을 모르는 미래 조직에 내일을 제시하고, 혁신의 주체로서 거듭날 수 있을 것이다.

여기 싱가포르 개발은행DBS의 아시아를 대표하는 디지털 트랜스포메이션 사례를 공유한다. DBS는 AI를 각 부서 업무에 폭넓게 도입했으며, 데이터 기반 의사결정을 실시간으로 실행하고 있다. 리더들은 AI가 제공한 빅데이터 인사이트를 바탕으로 전략을 세우되, 고객과 직원의 변화하는 감정을 섬세하게 읽고 대응하는 데 집중한다.

또한 감성 지능EQ 교육과 리더십 코칭 프로그램을 병행하여, '데이터만 보는' 리더가 아닌 '감성을 다루는' 완성형 리더십 육성을 시도하고 있다. 결과 역시 아름답다. 고객 만족도와 직원 몰입도 모두 크게 상승하며 혁신 성과를 실현하고 있다. 이처럼 DBS은행은 AI기술과 인간적 리더십 요소를 적절히 융합하여 조직 전반의 성과 성장과 지속 가능한 변화가 가능함을 보여주었다.

한편 글로벌 소프트웨어 기업 Atlassian은 '팀워크와 신뢰'를 AI 시대 리더십의 핵심 가치로 삼고 AI 기반 협업 플랫폼 활용으로 업무 자동화와 투명한 커뮤니케이션을 강화했다. 리더는 데이터를 전략적 의사결정의 토대로 삼으면서도, 팀 구성원 개개인의 성장, 감정, 신뢰 관계에 지속해 관심을 갖도록 체계를 구축했다.

그 결과 코로나19 이후 원격근무 문화에서도 심리적 안전망과 자율성을 조성해 높은 사기와 생산성을 유지할 수 있었으며, '감각 있는 데이터 활용자'로서 리더십 모델을 정의, AI가 제공하는 객관성과 인간의 공감을 통합했다. 이와 같은 Atlassian의 사례 역시 데이터와 감성의 '불균형 자산'을 균형 맞추는 것이 AI 시대 리더 성공의 열쇠임을 보여주는 대표 예시이다.

AI 시대에 리더로서 스스로에게 다음과 같은 질문을 던져 보는 것이 중요하다. 특히 흑 리더 유형의 경우 나는 단순히 데이터와 숫자만 믿고 있지는 않은가? 그 데이터 뒤에 숨은 '사람'의 감정을 어떻게 살피고 있는가?,'팀원의 성장과 심리적 상태를 얼마나 깊이 살피고 있으며, 성장 가능성을 위한 지원과 배려는 충분한가?와 같은 질문을 던지면 자기성찰과 리더십 향상에 도움이 될 것이다.

반대로 백 리더 유형의 경우 나는 조직 내외부에서 윤리와 신뢰의 기준을 명확하게 세우고 이를 실천하고 있는가? AI 활용에서도 '책임 있는 리더십'을 발휘하고 있는가? AI가 제공하는 데이터를 어떻게 감성과 창의성의 결합점에 놓고, 팀원들과 어떻게 소통하며 비전을 공유하고 있는가와 같은 질문을 던져보면 좋을 것이다. 리버시 리더의 경우 위기 상황에서 '냉철한 판단'과 '따뜻한 공감' 두 축을 어떻게 균형 있게 유지하려 노력하는가와 같은 질문이 진정한 흑백 리더십을 실현해 나아가도록 환기시켜 줄 것이다.

AI시대의 리더의 자질 : 본질을 꿰뚫는 문제인식

AI는 모두가 알다시피 방대한 데이터 처리 능력과 복잡한 알고리즘을 통해 다양한 문제를 해결하는 강력한 도구이나, 그 출발점은 항상 사용자가 던지는 '질문'이다. 질문이 모호하거나 불분명하면 AI가 생성하는 답변 또한 정확하지 않고 기대에 미치지 못할 가능성이 크다. 반대로 명확하고 구체적인 질문은 AI가 보다 정교하고 유용한 인사이트를 도출하게 한다. 결국 AI가 성공적으로 '협업'하기 위해서는 사용자의 질문 능력이 곧 생산성의 핵심이다.

좋은 질문은 다음과 같은 특징을 갖고 있다. 우선 구체적이고 명확하다. 질문의 목적과 범위가 분명해야 한다. 다음으로 문제의 맥락과 배경을 충분히 담고 있다. AI가 이해할 수 있도록 필요한 정보나 상황을 제공한다면, 보다 풍성하고 깊은 답변을 기대해 볼 수 있다. 또한 좋은 질문은 개방성과 탐구성을 가질 필요가 있다. 의외로 대다수의 사람들은 프롬프트를 통해 목적만을 성취한다.

이렇게 지나치게 제한적인 질문일 경우 답변의 범위도 좁고 제한적이기 쉽다. 그렇기에 다각도의 답변 가능성을 열어둔 다양한 추가 질문을 던질 수 있어야 하며, 잘 생각이 안나는 경우 추천질문(검색 후 AI가 제시하는)을 함께 살펴보는 습관도 도움이 된다. 마지막으로 문제 해결 지향적일 필요가 있다. AI는 단순한 정보 확인을 위해서도 물론 유용하지만, 문제에 대한 해법이나 통찰을 도출하는데에도 유용한 수단으로 사용된다.

좋은 질문을 만들기 위해 가장 구체적이고 간단한 방법은 단연 5W1H를 활용한 질문의 구조화이다. 질문을 명료하게 구성하는 데 있어 5W1H(Who, What, When, Where, Why, How)는 더할 나위없이 유용한 틀이다. AI가 혼란 없이 문제를 이해하고 명확히 응답할 수 있도록 각 요소를 꼼꼼히 포함시켜 보는 것이다.

- Who(누가): 대상이나 관련 주체는 누구인가?
- What(무엇을): 필요한 정보나 문제의 핵심은 무엇인가?
- When(언제): 시간적 범위나 시기가 명확한가?

- Where(어디서): 장소적 배경이나 범위는 어떤가?
- Why(왜): 질문 배경과 목적은 무엇인가?
- How(어떻게): 해결 방법이나 절차를 포함하고 있는가?

특히 리더의 좋은 질문은 '명확한 문제 인식'에서 비롯된다. 어떤 상황에서 어떤 이슈가 발생했고, 무엇을 해결하려 하는지 구체화해야 한다. 문제 정의가 확실해야 질문도 그에 맞게 초점을 맞출 수 있다. 이 밖에 필요하면 질문을 여러 방식으로 바꿔 시도해 보는 '질문 실험'이나, 질문 전 예상 답변과 피드백을 활용한 학습을 병행하는 것도 장기적인 성장 관점에서 큰 도움이 된다. 또한 각 AI 도구마다 권장하는 질문 패턴이나 제한이 존재할 수 있으므로, 여러 플랫폼을 동시에 사용해 보는 것도 큰 도움이 된다. 챗GPT나 Gemini는 서술형, 요약형 질문에 강점을 보이나, 특정 수치 계산이나 추론 관련 질문에는 다른 Claude나 Grok, O3 같은 AI도구가 적합할 수 있다.

좋은 질문은 AI 활용의 출발점이자 성공의 열쇠다. 명확하고 구체적인 질문, 충분한 맥락 제공, 목적과 문제 해결에 초점을 맞춘 설계, 지속적 다듬기와 피드백 과정이 강력한 AI 협업을 가능하게 한다. 사용자는 AI의 역할과 한계를 이해하고, 5W1H와 개방성·구체성의 균형을 맞추며 질문하는 역량을 키워 나가야 할 것이다. AI가 단순한 답변자가 아닌 생산적 '대화 상대'가 되는 시대에, 좋은 질문을 만드는 능력은 곧 미래 경쟁력이며, 개인과 조직의 혁신 성장 엔진이다.

AI와 함께하는 양방향 소통

AI는 리더와 구성원, 리더와 조직 사이의 양방향 소통을 혁신적으로 변화시키고 있다. 챗봇, 프롬프팅, 데이터 기반 피드백 등 다양한 방식을 통해 의견 수렴·실시간 응답·갈등 중재 등 소통의 질과 속도를 크게 높이고 있다. AI는 메신저, 이메일, 내부 포털, 챗봇 등 다양한 채널을 통합해 실시간 의견 청취와 즉각적인 피드백을 지원한다. 예를 들어, 유니레버의 'Unabot', 풀무원의 '두리번' 등 HR 특화 챗봇은 직원 문의·학습·근태관리·정책 안내·행동 분석까지 다방면에서 조직과 직원 간 소통을 자동화하고, 모든 피드백을 체계적으로 기록·분석해 효과적 의사결정을 돕고 있다.

최근에는 조직 리더가 AI를 통해 직접 소통을 디자인할 수도 있다. 예를 들어 리더와 구성원, 구성원과 구성원간 갈등 문제 발생 시 문제 상황과 각각의 객관적 주장을 AI에 학습시키고, 절충안을 중재하는 방식도 이미 기업 현장에서 속속 등장하고 있다.

이처럼 AI로 구성원의 특성·경력·성과 데이터를 반영한 맞춤형 피드백을 주면, 객관성·감정 조절·갈등 중재가 강화될 수 있다. 실험에 따르면 GPT 기반 대화형 중재는 무례함을 줄이고 생산성을 높이는 효과가 있다. 특히 민감한 이슈(성과관리·갈등 상황)에서 AI가 '표현 조율자' 역할을 수행해, 리더가 부담을 줄이고 신뢰를 높일 수 있다.

이처럼 리더는 AI가 분석·집계하는 조직 분위기 및 의견 데이터를 실시간 모니터링하여, 투명하고 신속하게 조직 상황을 판단할 수 있다. 구성원들의 피드백·정서·참여도 등 다양한 데이터를 바탕으로 정책·경영 판단을 앞당기고, 필요한 메시지는 즉각 전파할 수 있으며, 이는 리더의 현장감과 결단력을 크게 증폭시키는 효과가 있다.

이를 흑백리더십과 AI 소통 관점에서 본다면 기존 흑 리더들은 AI의 데이터 분석과 신속한 정보 처리, 객관 피드백, 조직상황 진단 및 통합 기능을 강화하기 쉬울 것이며, 백 리더들은 인간 리더의 공감, 신뢰 구축, 민감한 대화의 감정조율, 맞춤형 배려에 AI를 활용한다면 좋을 것이다. 이와 같이 AI 도구를 통해 흑백리더십이 한층 강화되며, 기술이 인간적 소통의 폭을 넓히도록 설계하는 것이 핵심이다.

결국, AI로 소통이 자칫 단절될 수도 있지만, 이를 적극적으로 활용한다면 더 깊고 넓어진 소통도 가능하다. AI는 단순한 정보전달에서 벗어나, 리더와 조직·구성원 사이의 참된 소통을 위한 동반자로 자리잡았다. 리더의 AI를 활용한 양방향 커뮤니케이션을 통해 피드백, 참여, 심리적 안정, 신뢰, 조직의 신속한 변화까지 모두 가능해지며, 궁극적으로 흑백리더십의 소통 역량이 한층 강화될 수 있을 것이다.

무엇보다 리더의 올바른 의사결정을 위한 정보수집의 절차로 AI를 활용하는 것도 효과적이다. 글로벌 혁신 기업 테슬라가 AI 기반 커뮤니케이션 플랫폼을 활용해 다국적 직원들의 의견을 실시간 수집하는 것도 이와 같은 이유다. 실시간 데이터가 머스크를 포함한 CEO와 경영진에게 직접 전달돼, 시장 변화와 직원 니즈에 신속 대응할 수 있으며, 직원 참여도를 높이기 위한 AI 챗봇, 설문, 익명 피드백 등 다양한 채널을 운영한다.

또한 AI 감정 분석으로 직원 정신 건강과 조직 분위기를 모니터링, 스트레스 및 갈등 상황을 조기 중재함으로 리더 대신 리더십 팀이 이 데이터를 기반으로 조직 전략과 인재 관리 정책을 유연하게 조정하여 리더의 부담과 피로도를 감소시킨다. 이와 같은 테슬라의 사례는 AI 소통 시스템이 '경영진과 현장 연결고리' 역할을 하며, 조직 민첩성과 혁신력을 견인하는 힘이 될 수 있음을 보여준다.

이처럼 스마트한 조직 소통 프로세스는 개별 의견 청취와 즉각적인 피드백, 실시간 데이터 기반 조직진단과 감정 중재라는, 원래라면 제대로 일년을 해도 부족한 이 전체 프로세스를 AI를 통해 획기적으로 개선시킨다. 실시간으로 CEO를 포함한 누구나 볼 수 있기 때문에 직원들은 언제 어디서나 AI 챗봇에 의견, 불만, 제안을 진솔하게 전달하고, AI는 문의 내용을 즉시 파악해 자동 대응하거나 관련 부서에 알려 소통의 속도를 높인다.

또한 수집된 데이터를 AI가 분석해 조직 내 긍정·부정 신호를 탐지하고 리더에게 전달할 뿐만 아니라 감성 분석 결과를 바탕으로 경영진과 인사팀에서 조정을 하고, 필요 시 개인을 위한 상담과 조직을 위한 문화 개선 프로그램을 가동한다. 이렇게 AI는 일방향 소통에서 벗어나 구성원의 목소리를 적극 듣고, 즉각 반영하며, 조직 분위기와 감정 흐름까지 세밀히 관리하는 역할을 맡게 된다.

AI 시대 리더의 소통 전략

AI 이전에는 소통의 기본 단위가 텍스트였다. 메신저, 이메일, 문자 속 짧은 문장들이 업무를 끌어갔다. 하지만 텍스트 중심 소통은 언제나 맥락에 의존했다. 말투, 표정, 직전의 대화에 따라 똑같은 문장이라도 전혀 다른 의미가 되곤 했다. 기록이 남는 장점이 있었지만, 맥락이 사라지는 순간 오해가 생기는 건 당연한 일이었다. AI가 등장하면서 이 질서는 완전히 달라졌다.

AI는 눈치가 없다. 농담도, 뉘앙스도, 감정의 여백도 보이지 않는다. 오직 글자 그대로만 이해한다. 그래서 한 줄의 모호한 지시는 아무 결실도 남기지 않는다. AI는 원하는 것을 조건으로, 형식으로, 분명하게 써줘야만 움직인다. 이 변화가 바로 프롬프트 중심 소통이다. 프롬프트는 단순한 명령어가 아니다. 결과물을 만드는 설계도이자, 사고를 구조화하는 도구다.

누군가에게 자료를 부탁할 때 막연히 "준비해달라"는 말 대신, 대상은 누구인지, 목적은 무엇인지, 형식은 어떤 것인지, 필요한 요소는 무엇인지 항목별로 분명하게 적는다. 그렇게 요구조건을 정리하는 과정 자체가 이미 사고의 힘을 길러준다. 리더가 이를 먼저 익혀야 조직 전체의 대화가 한 단계 진화한다.

이전에는 보고서 하나가 하루를 삼켜버렸다. 자료를 찾고, 엑셀을 돌리며 숫자를 정리하고, 문장을 하나하나 다듬는 데 온종일이 걸렸다. 그러다 보니 분석과 방향성 같은 본질적인 고민은 뒤로 밀리기 일쑤였다. 지금은 다르다. AI가 초안을 뼈대부터 짜준다. 구조, 데이터, 시각 자료까지 빠르게 채워주면 사용자는 그 위에 전략과 경험, 현장의 스토리를 입히면 된다. 결과물은 단순한 정리 글이 아니라 메시지를 담은 글로 격이 달라진다.

회의 역시 크게 달라졌다. 과거에는 기록하느라 정신이 없었다. 누가 어떤 발언을 했는지 챙기다 보면 핵심 논지를 놓치고, 회의가 끝난 뒤 지친 손목만 남곤 했다. 이제는 AI가 실시간으로 기록하고, 끝나기도 전에 핵심 의사결정과 액션 아이템이 정리된다. 리더와 팀원은 기록자에서 참여자로, 단순 소모자에서 생산자로 역할이 바뀐다. 회의가 끝나도 피곤함 대신 새로운 아이디어와 실행 계획이 남는 이유가 여기에 있다.

AI 소통의 본질적 특징은 '애매함'이 허용되지 않는다는 것이다. 사람에게는 "예쁘게 만들어줘"라고 해도 관계와 경험이 보완해 준다. 하지만 AI에게 같은 지시를 내리면 결과는 전혀 예측할 수 없다. 보고서에 꽃무늬 배경이 들어가거나, 발표 자료가 유튜브 콘텐츠처럼 재구성되는 건 흔하다. 이런 시행착오는 결국 애매한 프롬프트 때문이다. 따라서 리더는 모델이 아니라 프롬프트 품질을 관리해야 한다.

좋은 프롬프트는 다섯 가지를 담아야 한다. 목적, 대상, 형식, 분량, 필수 요소. 이중 하나라도 빠지면 결과는 흔들린다. 단순히 AI '활용법'을 가르치는 게 아니라, 사고를 구성적으로 쓰도록 팀을 훈련시키는 게 리더의 책무다. 좋은 프롬프트는 전략적 도구이기도 하다. 업무 지시가 구체적이면 결과물도 표준화되고, 협업은 훨씬 매끄러워진다. 판단의 속도가 빨라지고, 맞춤 수정만으로 완성도가 올라간다. 이 흐름을 정착시키는 것은 단순한 기술 습득이 아니라, 팀의 경쟁력 자체를 새롭게 정의하는 일이다.

사람마다 말투와 표현 방식은 다르다. 어떤 이는 짧고 단호하게, 어떤 이는 다소 장황하게, 또 다른 이는 유연하고 감성적으로 말한다. 같은 말을 쓰더라도 결과는 다르게 해석될 수 있다. 문제는 이 차이가 때때로 협업의 걸림돌이 된다는 점이다. 이럴 때 AI가 효과적으로 개입한다. 간단한 메시지를 격식 있는 문서 톤으로 바꾸거나, 긴 설명을 몇 문장으로 단축하는 건 AI가 가장 잘하는 역할이다.

리더는 이 기능을 팀의 공용 도구로 만들어야 한다. "메시지를 바꿔달라"는 식의 즉각적인 번역 과정을 프로세스에 포함시키면, 불필요한 오해와 갈등은 빠르게 제거된다. 그러면 협업의 흐름은 맑아지고, 집중은 본질로 향한다. AI 시대 리더십의 핵심은 협업 언어의 설계다. 협업 언어란, 누구나 AI에게 요구할 때 일정한 기본 구조를 유지하도록 합의하는 것이다. 대상·목적·형식·필수 요소를 적는 방식 말이다. 여기에 추가로 리더는 팀의 강점을 결합시켜야 한다.

데이터를 강조할 줄 아는 사람의 시선, 공감을 중시하는 감각, 직관적 시각화의 힘까지 한데 묶여야 이상적인 결과물이 탄생한다. AI 번역 루틴 역시 빼놓을 수 없다. 보고서를 작성한 뒤, 필요하다면 '공식 보고용 버전', '발표용 요약본', '시각 자료 중심 버전'으로 바꿀 수 있도록 작업 단계에 포함시키는 것이다. 하나의 원천 자료가 여러 목적에 쓰이는 순간, 생산성은 배가된다. 리더는 이 흐름을 체계화하는 일을 해야 한다.

새로운 프롬프트 문화가 처음부터 잘 작동하는 경우는 드물다. 극단적인 예시는 언제나 발생한다. 지나치게 데이터만 강조한 보고서는 차갑다는 인상을 남기고, 감각에 치중한 요약본은 근거가 부족하다는 불신을 부른다. 하지만 이런 불일치는 실패가 아니라 학습의 기회다. 리더의 역할은 서로 다른 말하기 방식을 연결해주는 다리다.

구조적 데이터, 감성적 사례, 직관적 비주얼을 결합하면 균형 있는 결과물이 나온다. 실패 사례는 이 균형점을 찾는 연습이 된다. AI의 빠른 반복 실험을 활용하면, 시행착오조차 경쟁력으로 바꾸어 낼 수 있다. AI를 잘 쓰는 조직일수록, 사람의 역할도 더 분명해진다. AI가 기록을 대신하니 사람은 판단과 탐구에 집중한다. AI가 초안을 써주니 사람은 전략과 스토리텔링에 힘쓴다. 결국 AI는 시간을 절약하는 도구일 뿐, 책임과 방향을 정하는 건 여전히 사람의 몫이다. 리더는 바로 그 사실을 팀에 각인시켜야 한다. AI는 '대신' 하는 존재가 아니라 '같이' 하는 파트너라는 관점 말이다.

회의와 보고가 절차가 아닌 창조의 과정으로 변한 순간, 리더는 더 이상 관리자에 머물지 않고, 팀 전체가 함께 성장하는 촉진자가 된다. AI 시대의 리더십은 권위의 명령이 아니라, 프롬프트라는 언어를 조직의 공용언어로 만드는 힘이다. 텍스트가 인간 사이의 기반이었던 것처럼, 프롬프트는 이제 인간과 AI, 더 나아가 사람과 사람이 협업하는 매개체가 된다.

소통의 단위가 바뀌면 조직의 존재 방식도 바뀐다. 이 흐름을 가장 강력하게 이끄는 건 리더다. 리더는 AI를 기술로만 보지 않는다. 언어로 보고, 문화로 보고, 경쟁력으로 본다. 그리고 그 언어를 다루는 법을 익혀 팀 전체가 공유하게 한다. 그 순간 AI는 어느 한 사람의 비서가 아니라, 모두의 협업 파트너가 된다. 이것이 바로, AI 시대에 필요한 리더의 소통 철학이다.

AI와 인간이 공존하는 조직문화

AI를 조직에 도입한다는 건 단순히 새로운 툴을 사용하는 게 아니다. 그건 한 번의 이벤트가 아니라, 조직의 근본적인 DNA를 바꾸는 혁신이다. AI 친화적인 조직문화는 도구보다 더 깊은 차원에서 조직이 변화하도록 요구한다. 여기서 중요한 건 기술이 아니라 문화다. 팀이 성장하고, 구성원이 능동적으로 학습하며, 서로 다른 방식으로 사고하는 사람들이 존중받는 기반이 필요하다.

AI 시대의 조직문화는 자율과 협력, 신뢰와 투명성 위에서만 가능하다. 복잡한 AI 기술을 활용하는 일은 어려워 보이지만 사실 핵심은 단순하다. 구성원이 두려움 없이 실험할 수 있는 공간, 실패에서 배우는 문화를 보장하는 것, 그리고 AI를 곁에 둔 채 성과와 성장을 동시에 추구하는 것. 이게 새로운 출발점이다.

AI시대, 비전과 전략의 공유

리더에게 가장 중요한 일은 AI 시대의 비전과 전략을 명확히 제시하는 것이다. 구성원이 AI를 바라보는 심리는 두 가지다. 기대와 불안. 누군가는 "AI가 일을 덜어줄 것이다"라고 기대하고, 또 다른 누군가는 "내 역할이 사라지지 않을까"라는 불안을 갖는다. 이 불안과 기대를 해소하기 위해 필요한 건 투명한 비전 공유다.

조직 내 AI 전략은 탑다운 방식이 아니라 수평적으로 공유되어야 한다. 왜 도입하는지, 어떤 영역에 어떻게 활용할지, 무엇이 기대되는지 모두가 알 수 있어야 한다. 그러면 변화에 대한 저항이 줄고, AI가 단순한 기술이 아니라 조직 성장을 끌어올리는 엔진으로 자리 잡는다. 이 과정에서 리더는 변화관리자의 역할을 맡는다. 교육이 필요하고, 반복적인 커뮤니케이션이 필요하다. 전략을 마음에 새길 수 있도록 지속적 학습과 대화가 병행돼야 한다.

AI가 자연스럽게 작동하는 조직은 유연한 구조를 갖는다. 전통적인 수직적 보고 체계보다는, 부서 간 벽을 허무는 협업 구조가 필요하다. AI 도입은 곧 경계를 허무는 과정이기도 하다. 데이터를 부서별로 쪼개 쓰는 순간 AI의 잠재력은 반 토막 난다. 매트릭스 조직, AI Task Force, 전담 부서 같은 시도는 단순한 조직 개편이 아니다. 그것은 새로운 협업 환경을 만들어내는 실험이다. 리더는 유연함을 장려하며, 창의적 시도와 협업을 화이트보드 위에 자유롭게 올릴 수 있는 분위기를 만들어야 한다. AI는 하드웨어나 서버 속에 있는 게 아니라, 협업과 실험이 가능한 문화 속에서만 제대로 살아난다.

이처럼 사람이 AI와 공존할 수 있으려면 일터가 심리적으로 안전해야 한다. AI를 활용하는 순간, 항상 불안이 따라온다. "내 업무도 대체되지 않을까?"라는 걱정. "AI를 잘 못 쓰면 뒤처지지 않을까?"라는 압박. 심리적 안정이 없다면 AI 도입은 언제나 반쪽짜리다. 리더는 구성원이 안심하고 시도할 수 있도록 환경을 설계해야 한다. 실패를 처벌하지 않고 학습의 기회로 전환하는 문화, 다양한 의견이 나올 수 있는 토론 공간, 상호 존중이 살아 있는 대화가 필요하다. 구성원이 두려움 없이 AI를 실험할 수 있다면, 자연스럽게 AI와 사람의 공존이 이뤄진다.

또한 AI는 빠르게 진화한다. 그 속도에 맞추지 못하면 도입은 무의미하다. 따라서 조직은 끊임없는 학습 체계를 가져야 한다. 정기적인 교육, 역할에 맞는 맞춤형 훈련, 자기 주도 학습을 가능하게 하는 플랫폼이 필요하다. 리더는 학습을 비용으로 보지 않고 투자로 봐야 한다. 조직과 개인이 AI 변화에 발맞춰 성장해야만 기술이 단순한 도구를 넘어 조직의 경쟁력으로 자리 잡는다. AI는 결국 사람의 능력을 확장하는 증강 도구다. 구성원이 이걸 자신의 무기로 내재화해야 한다.

그럼 AI 친화적 조직문화를 성공적으로 구축한 실제 사례를 살펴보자. 삼성SDS는 AI를 업무 몰입과 생산성 제고 도구로 활용했다. 단순 반복 업무를 AI가 대신하고, 구성원은 전략과 창의 영역에 집중할 수 있는 환경을 마련했다. 그 결과 신뢰와 투명성이 강화된 협업 문화가 만들어졌다. 또한 글로벌 기업들은 AI와 신경과학 기반 학습을 결합해, 데이터 기반 조직문화를 만들었다. 조직원 스스로 문제 해결 역량을 키우고, AI를 협력자로 쓰도록 훈련했다. 그 과정에서 신뢰와 몰입이 강화되며 기하급수 성장을 실현했다.

AI는 기술이지만, 기술만으로는 불가능하다. 반드시 문화와 결합해야 한다. AI 시대 리더십의 모델은 흑백리더십 유형 중 단연 리버시 리더십이다. 흑 리더가 잘하는 데이터 기반 의사결정, 이성, 객관성, 효율에 백 리더가 잘하는 신뢰, 존중, 감성, 학습 촉진을 적절하게 모두 활용하는 것이다. 흑이 없는 백은 감정에 따라 흔들리고, 백이 없는 흑은 차갑고 단절된다. 이 두 가지가 합쳐져야 AI 시대의 건강한 조직이 만들어진다. 데이터와 사람, 효율과 존중, 속도와 안전이 동시에 존재해야 한다. 리더는 이 균형을 잡는 사람이다.

리더는 AI를 도입할 때 기술적 툴만 가져오는 게 아니라, 그 도구가 어떻게 사람의 감정과 몰입을 돕는지까지 고민해야 한다. AI는 심리적 안전을 지지하는 역할을 할 수 있다. 구성원의 의견을 챗봇으로 익명 제출하게 하거나, 피드백 플랫폼을 통해 감정 신호를 감지해 리더에게 알릴 수 있다. 지속적 학습을 지원하는 것도 AI의 몫이다. 맞춤형 학습 경로를 제공하고, 업무 스타일과 성장 욕구에 따라 교육 콘텐츠를 제안하는 시스템은 이미 실현 가능하다. 중요한 건 리더가 이를 전사적으로 허용하고 장려하는 문화다.

조직문화 개선의 전략적 시사점

AI를 조직에 도입하는 과정에서 리더가 기억해야 할 전략은 다음과 같다.

첫째, 협업과 신뢰라는 문화적 토양을 먼저 만들 것.
둘째, 데이터와 사람 모두를 존중하는 문화적 코드를 심을 것.
셋째, 리더 스스로는 변화관리자, 학습 촉진자, 균형잡이자로 자리매김할 것.
넷째, 개인과 조직 모두의 끊임없는 학습을 시스템적으로 지원할 것.

이 네 가지가 갖춰지면 AI는 단순 기술이 아니라 조직의 성장 촉진제로 변한다.

조직문화 혁신을 궤도에 올리려면 기술적 도구도 필요하다. 회의 요약을 돕는 Otter.ai, 협업을 강화하는 Microsoft Teams와 Slack, 지식을 신속히 찾는 Perplexity AI 같은 툴이 소통을 가볍게 만든다. 데이터 분석은 Power BI, Tableau, Watson이 뒷받침한다. HR 분야는 맞춤 챗봇과 AI HR 솔루션이 조직 전반을 관리하고, 개인 성장에는 코칭 AI와 생산성 앱이 도움을 준다. 이러한 도구들을 고를 때 기준은 명확하다. 우리 조직의 목적과 문화, 그리고 리더의 방향성에 맞느냐. 그리고 윤리와 보안이 지켜지느냐. AI는 어디까지나 보조자이며, 최종 의사결정과 소통의 뿌리는 여전히 사람임을 명확히 해야 한다.

결국 AI와 리더, 구성원들이 함께 공생하는 문화를 구축하는 것이 곧 바람직한 미래형 조직문화 구축을 의미한다. AI는 선택이 아니라 필수다. 그러나 AI 자체가 경쟁력을 담보하지는 않는다. 기술을 조직 내부의 일부로 내재화하는 건 오직 문화다. 리더는 데이터와 인간, 이성과 감성, 효율과 존중을 잇는 다리다.

AI와 공생하는 조직은 단순히 효율적인 조직이 아니다. 그건 건강하고, 유연하며, 끊임없이 학습하는 조직이다. 변화와 혁신을 기꺼이 받아들이는 심리적 기반, 명확한 비전, 그리고 흑과 백을 동시에 품는 리더십이 있을 때 비로소 가능하다. AI 시대 성공하는 조직문화는 결국 다음의 한 문장으로 정리할 수 있다.

"사람과 기술은 함께 성장한다"

마지막으로 이상의 논의를 토대로 아래와 같이 AI시대에 리더에게 필요한 10가지 리더십 원칙을 제시한다. 현재의 리더, 그리고 앞으로 예비 리더들의 더 큰 성장과 성공을 기원하며, 흑백리더십을 마친다.

AI 시대의 10가지 리더십 원칙

제1원칙 데이터를 활용하되, 직접 미래를 설계하고 조직 정체성과 목표를 명확히 제시한다

제2원칙 진정성 있는 공감과 양방향 소통으로 신뢰를 쌓고, 팀의 변화를 민감하게 읽는다

제3원칙 AI 활용 과정에서 인권, 프라이버시, 윤리 기준을 지키고 책임 경영을 실천한다

제4원칙 데이터 분석 넘어 내적 동기를 자극하고, 팀원 역량과 자율성을 이끌어낸다

제5원칙 자기감정 조절과 조직의 분위기 관리로 심리적 안정과 건강한 관계를 유지한다

제6원칙 AI 데이터와 인사이트를 전략적으로 해석하고, 편향 가능성을 항상 체크한다

제7원칙 정보의 투명성을 높이고, 팀워크와 신뢰를 기반으로 코치의 역할을 강화한다

제8원칙 구성원의 다양한 개성과 사고방식을 존중하고 포용적 문화를 조성한다

제9원칙 기술 변화에 맞춘 자기혁신과 학습환경 구축, 변화관리자 역할을 수행한다

제10원칙 AI와 인간의 역할을 분명하게 설정한다
(ex AI-정보수집, 인간-의사결정/책임)

AI 시대의 흑백리더십 적용 사례

AI는 조직의 일하는 방식과 리더십의 본질을 빠르게 바꾸고 있다. 이제는 단순히 기술을 도입하는 것만으로는 충분하지 않고, 리더가 AI를 전략적으로 활용하면서도 인간적인 신뢰와 공감, 빠른 결단력, 그리고 꾸준함을 동시에 갖추어야 한다. 이번 장에서는 흑백리더십의 유형별로 활용하면 좋을, AI 활용 리더십 전략을 살펴보고 마지막으로 실제 기업의 AI 도입 후 리더십 변화 사례도 함께 살펴보려고 한다.

신뢰형 리더십(기준수호자, 열린전문가, 핵심활용가)의 AI 활용 전략

기준수호자에게 AI는 기준의 명확성과 일관성을 유지하는 데 최고의 도구이다. 회의 시작 전, AI가 자동으로 핵심 기준(고객 가치, 규제, 리스크 한도 등)을 리마인드 해주고, 업무 체크리스트를 실시간으로 관리해줄 수 있다. 정보 공유도 AI가 필요한 사람에게만 맞춤형으로 전달해주니, 속도와 효율이 동시에 올라갈 수 있다. 단, 기준수호자들의 기준 언어를 '사람의 언어'로 번역하는 것은 온전히 리더의 몫이다.

AI가 제시한 데이터와 기준을 팀원들이 쉽게 이해할 수 있도록, 예시와 상황별 설명을 덧붙여야 한다. 위기 상황에서는 AI가 검증의 깊이를 자동으로 조정해주고, 실행 중 실시간 피드백을 제공해줄 수도 있을 것이다. 기준수호자는 AI의 자동화와 예측 기능을 활용해 품질 안정성과 위임의 범위를 넓힐 수 있다.

열린전문가는 AI를 '질문하는 힘'으로 활용할 수 있다. 복잡한 문제를 여러 가정으로 쪼개고, AI에게 "우리가 사실로 믿는 것, 아직 모르는 것, 지금 검증할 수 있는 것"을 물어보면 좋을 것이다. AI가 데이터의 출처, 한계, 대안까지 한 장의 서브데이터로 정리해주면, 토론의 출발점이 보다 명확해질 것이다. 반대 의견을 AI가 자동으로 수집하고 분석해주니, 다양한 관점이 구조적으로 반영될 수 있다.

의사결정 캔버스도 AI가 한 페이지로 압축해주고, 결론을 한 줄로 마무리할 수 있다. 특히 팀의 지성은 대화가 아닌 문서에서 자라남을 잊지 말고, 회의나 토론의 과정은 AI를 활용하여 반드시 기록하고 아카이빙 하도록 하자. 열린전문가는 다른 유형보다 AI의 탐색과 수렴, 질문 기능을 활용해 경청과 학습의 속도를 높이는 데 유리하다.

핵심활용가는 AI의 시각적 인터페이스와 구조화 능력을 극대화하는데 강점이 있을 것이다. 지난 분기의 불변하는 사실과 이번 분기의 가변 선택을 AI 대시보드에 동시에 붙이고, 핵심적인 변화에 집중하며 빠르게 적응하면 좋을 것이다. 수집되는 정보는 넓지만, 결론은 얕게. 특히 책임은 명확하게 나눌 필요가 있다.

AI의 도움을 받아 팀 간, 조직 간 경계와 역할을 자동으로 조정하여 잦은 변화로 인한 일의 리듬에 불협화음이 곁들지 않도록, 또한 목표와 역할 정의를 주도적으로 바꾸는 데 적극 활용하면 좋다. 핵심활용가는 AI의 전략적 결단과 선택적 개방 기능을 활용해 조직의 린치핀으로 성장할 수 있다.

매력형 리더십(몰입추진가, 신뢰연결자, 친근설득가)의 AI 활용 전략

몰입추진가는 AI를 '팀 에너지 증폭 장치'로 활용할 수 있다. 목표와 마감, 성과 지표를 AI를 통해 실시간으로 시각화 하거나, 팀원별 몰입도와 감정적 피드백을 수집하고 분석하면 보다 중요한 분야에 집중할 수 있는 시간과 에너지를 확보하는 데 큰 도움이 된다(ex GPTs를 활용, AI를 통한 대화 녹음 → 텍스트화 및 AI 자동 분석 루틴 설정). 내부 핵심 멤버의 네트워킹도 AI가 추천 리스트를 활용하여 고민보다 실행에 집중한다면, 전보다 더 큰 결속력과 추진력이 강화될 수 있을 것이다.

필수적이나 생산성이 낮은 반복적 루틴은 가급적 AI로 자동화할수록 몰입추진가의 강점인 몰입의 리듬을 구조화하고 고차원으로 발전시킨다. 이처럼 몰입추진가는 AI를 활용한 효율성 극대화, 감정 분석과 네트워킹 기능 보조를 통해 개인 성과 향상과 조직의 문화를 동시에 증폭시킬 수 있을 것이다.

신뢰연결자는 AI를 일종의 참여자(동료 리더, 든든한 팀원)로 여기고, 실제 행위자로 활용하여 조직 내 커뮤니케이션 활성화와 신뢰 형성에 큰 도움을 얻을 수 있을 것이다. 예를 들어 팀 회의에 AI를 참여시켜, 지나친 불필요한 스피커와 의도적 은폐자, 침묵의 구성원, 소수 의견 등을 자동으로 정리해주고 참여를 요청해주는 협력자로 활용이 가능할 것이다. 가장 손쉬운 방법은 지피티나 제미나이, 퍼블렉시티와 같은 실시간 AI 음성 Tool을 활용하는 것이다.

여기에 다양성 데이터와 혁신 아이디어도 AI가 자동으로 수집하고 분석할 수 있도록 사전에 세팅하고 진행한다면, 효율적 회의와 다양성의 공존을 함께 촉진할 수 있다. 신뢰연결자는 AI의 소통과 참여, 네트워킹 기능을 활용해 결속력과 혁신력을 동시에 높이는 데 좋은 리더십을 가지고 있다.

친근설득가는 AI를 '정보 탐색자'로 활용하는 데 능할 수 있다. 조직 내외부의 미묘한 정보와 분위기를 AI와의 소통을 통해 더블 체크 및 분석에 도움을 받고 비공식적인 채널의 보이스를 새로운 아이디어로 전환하는데 강점이 예상된다. 특히 중요한 커뮤니케이션(영향력 있는 인물과의) 시 예상되는 대화, 질문도 AI가 추천해주니, 방향과 우려를 미리 조율할 수 있을 것이다.

친근 설득가의 설득력 있는 커뮤니케이션도 AI가 상대방의 언어와 상황에 맞춰 자동으로 제안 받고, 변화가 실패가 아닌 학습임을 설득하는 데 도움을 받을 수 있다. 이처럼 친근설득가는 AI의 민첩성과 설득력, 일종의 예방/예열 기능을 활용해 조직의 민첩성과 참여를 높일 수 있을 것이다.

권위형 리더십(신속집행자, 자율형코치, 균형결정자)의 AI 활용 전략

신속집행자는 AI를 '실행을 위한 촉진자'로 활용하면 가장 좋다. 책임과 속도를 미리 설정한 우선순위와 규칙에 맞게 AI가 자동으로 관리해주고, 업무 체크리스트와 병목 제거를 실시간으로 지원받을 수 있다. 장애물을 제거하고, 리드타임을 단축해주니, 새롭게 만들어진 시간에 실행의 품질을 높이는 데 보다 많은 시간과 에너지를 쏟을 수 있다.

특히 위기 상황에서 AI가 보내는 실시간 경보와, 차곡차곡 쌓여진 가이드라인에 의거한 극복 절차를 제안 받는다면, 불필요한 감정 소모와 혼란을 줄이고 안정성을 크게 높일 수 있다. 신속집행자는 AI의 실행력과 위기 대응 기능을 십분 활용해 조직의 실행력을 극대화하는데 가장 많이 기여할 수 있는 유형이다.

자율형코치는 AI를 '팀 자율성의 촉진자'로 활용이 가능하다. 최초에 리더의 고민과 우선순위가 반영된 목표와 결과, 범위, 경계를 AI가 이후 자동으로 진화, 발전시켜주고 무엇보다 관리와 DB 역할을 충실히 수행해 줄 수 있다. 자율형 코치에게 가장 필요한 것은 AI의 기록과 분석 역량이다. 구성원들에게 업무를 지시해주고, 중요한 커뮤니케이션을 진행하는 상황들을 AI를 통해 문서화하고 정량화시키는데 도움을 받는다면, 이를 통해 아껴진 시간들을 자율형코치 리더들이 가장 목말라하는 성찰과 대화를 위한 여유를 확보할 수 있을 것이다.

팀원 별 성장 경로와 적절한 대화 피드백(ex 성과관련 피드백)도 AI가 맞춤형으로 제안해줄 수 있어, 대화의 질과 효율성을 동시에 높일 수 있다. 이처럼 자율형코치는 AI의 기록, 성장 제안 등의 기능을 활용해 팀의 문제해결 역량과 성장 문화를 함께 강화할 수 있을 것이다.

마지막으로 **균형결정자**는 AI를 일종의 '균형의 저울'로 활용하면 좋다. 예상되는 기대 이익과 주요한 리스크 등을 AI가 제시해주는 정보와 비교하여 균형결정자의 최고 역량인 의사결정의 품질을 크게 높일 수 있다. 또한 데이터와 서사의 결합, 시나리오 계획도 자동으로 지원해주는 AI를 통해, 예측력과 대응력을 동시에 높일 수도 있다.

적절한 커뮤니케이션 방식도 AI를 통해 최적화한다면, 큰 대화 방향(맥락)을 읽거나 주도권을 조율하기가 훨씬 쉬워질 수 있다. 이처럼 균형결정자는 AI의 예측력, 시나리오 기능을 활용해 리더십 역량과 조직 내 경쟁력을 높일 수 있다.

실제 기업의 AI 도입 후 리더십 변화 사례

AI를 리더십과 조직관리 분야에 가장 잘 활용하고 있는 기업 사례를 뽑는다면, 단연 LG그룹의 사례를 가장 먼저 언급할 수밖에 없다. LG전자 한국영업본부는 2024년부터 Agentic AI 기반의 데이터 분석·리포트 자동화 시스템을 개발해 업무 효율을 크게 높였으며, AWS Industry Week와 re:Invent에서 발표된 바 있다. 또한 LG AI연구원은 2025년 7월 챗엑사원 ChatEXAONE이라는 기업용 AI 플랫폼을 5만명 이상의 임직원이 실제 업무에 활용하며 조직 내 대외비 자료부터 번역/요약, 추론 과정, 명확한 출처 등 보안 신뢰성과 투명성을 강조한 데이터 기반 업무 지원을 실현하고 있다.

이와 같은 LG의 AI지원은 구성원보다 리더에게 가장 큰 도움이 된다. 높아진 팀 생산성과 여유시간을 통해 리더는 새로운 팀 성장 전략과 피보팅을 구상할 수 있고, AI의 분석과 조언을 통해 조직 상황을 객관적으로 파악하고, 구성원과 효과적으로 소통하며, 전략적 의사결정에 필요한 통찰을 얻을 수 있다.

이와 같은 인프라는 향후 AI가 회의록과 이메일을 분석해 리더의 의사소통 패턴을 파악하고, 개선이 필요한 부분을 도출해줄 수 있을 것이며, 이 과정에서 리더는 자신의 강점과 약점을 명확히 인식하고, 행동 변화를 꾀할 수도 있을 것이다. 또한 AI가 팀 성과 데이터와 직원 만족도 조사 결과를 분석해, 구성원별 맞춤형 리더십 전략을 제안하는 것도 이미 활용되고 있다.

해외에서는 젠스파크Genspark라는 사례가 존재한다. 이 기업은 대기업의 규모가 단순히 종사자 수가 아니라, AI 등 미래 기술을 얼마나 효과적으로 활용하는지에 따라 결정될 수 있음을 실제로 보여주고 있다. 젠스파크는 불과 20여명의 임직원들이 4개월 만에 APR^{Annual Recurring Revenue} 3600만 달러를 달성한 AI 네이티브 조직이다. 이 회사는 AI 에이전트가 실시간으로 업무를 분배하기 때문에, 리더는 전략적 방향 설정과 팀원 개별 성장 지원에 집중할 수 있었다. AI가 반복 업무와 데이터 분석을 담당하면서, 반대로 리더는 팀원과의 신뢰 구축, 동기부여, 빠른 결단에 더 많은 시간을 쓸 수 있었던 것이다. 특히 AI가 팀원별 성과와 성장 데이터를 실시간으로 제공해주니, 리더에게는 맞춤형 피드백과 성장 경로를 설계할 수 있는 여유가 생겼다.

실리콘밸리에서는 AI가 팀 운영, 채용, 조직 문화에 큰 변화를 가져왔다. 리더는 기술보다 사람과 의사소통을 더 중시하게 되었고, AI가 반복 업무를 대신하면서 리더는 팀원과의 신뢰 구축, 비전 제시, 빠른 결단에 집중할 수 있게 되었다. AI와 협업하는 리더십, 즉 AI가 도와주는 부분과 인간만이 할 수 있는 부분을 명확히 구분하는 전략은 점점 더 중요해지고 있다.

글로벌 리더십 개발·컨설팅 회사 DDI의 2025년 보고서에 따르면, 일선 관리자들은 AI의 영향에 대해 고위 리더보다 무려 3배나 더 우려하고 있다. 이와 같은 차이는 조직 내 신뢰 부족과 명확한 의사소통의 부재로 증폭된다. 즉, 조직에서 AI의 성공의 핵심은 기술 그 자체가 아니라 조직 전체에 걸친 신뢰와 효과적인 변화 관리임이 드러난 것이다. 실제로 AI 도입 이후, 리더들은 전략 수립, 변화 관리, 미래 인재 식별 및 개발, 의사 결정 및 우선순위 설정 등 미래 지향적 스킬을 더 중시하게 되었고, 투명성과 명확한 의사소통, 협업적 구현 프레임워크가 강조되고 있다.

이처럼 AI는 리더십의 작동 방식을 근본적으로 바꾸고 있다. 결국, AI 시대의 리더는 기술을 넘어 인간적인 신뢰, 공감, 빠른 결단력, 꾸준함을 갖추고, AI와 협업하는 새로운 리더십을 실천해야 한다. 그리고 이왕이면 신뢰형 리더들은 데이터와 투명성, 윤리적 기준을 강화하고, 매력형 리더들은 AI 기반 비전과 동기부여, 서사로 팀을 이끌며, 권위형 리더들은 AI의 빠른 분석과 실행력으로 결단과 위기 대응을 강화한다면 좋을 것이다. 앞으로도 AI와 함께 성장하는 리더십의 진화를 계속 고민하고 발전시키기 위한 노력이 필요하겠다.

리더십은 경계를 넘나들 때 견고해진다. 그리고 AI의 영역도 예외는 아니다. 불확실성의 경계, 새로운 기술의 경계를 자유롭게 넘나드는 시도와 노력이 지속될 때에 훌륭함 너머 탁월함이, 탁월함 너머 위대함이 당신의 리더십에 깃들 수 있을 것이다.

도구 AI 시대 리더를 위한 필수 툴

(1) 이 보고서는 누가 썼을까?

구분	도구명 대상	주요 특징 활용 팁
텍스트 탐지기	**AI Detector Pro** GPT, Claude, Gemini 등	문장 구조·의미 일관성·패턴 분석 / 다중 모델 지원 AI 및 사람 작성 문구 혼합 시 감지 가능
	ZeroGPT GPT 등 주요 LLM	98% 이상 정확도 / AI 작성 비율 백분율 제공 대량 텍스트 검증 시 유용
	Dupli checker AI Detector 다국어 텍스트	무료 / 간단한 인터페이스 / 다국어 지원 교육기관, 블로그 등 폭넓게 활용
	Wordvice AI Detector 학술 문서, 학위논문	정밀 감지 /학술적 무결성 검증에 특화 논문, 연구자료 검증에 적합

올인원 감지기	HIX Bypass 텍스트 이미지 혼합	여러 AI 감지기 통합 / 다국어 지원
		콘텐츠 제작 전 최종 검증에 적합
	AISEO AI Detector 텍스트 중심	높은 정확도 / 단순 인터페이스
		블로거·마케터용
	Smodin 멀티포맷	문서·이미지·번역AI 탐지 / 통합 플랫폼
		해외 클라이언트 검수 업무에 활용
	Unite.ai 종합 감지	최신 모델 감지/ 비교 분석 기능
		AI 탐지 학습 및 교육 자료 제작에 유용

(2) 팀과 리더의 생산성 향상을 위한 도구들

유료 AI 툴 (5개)	무료 AI 툴 (5개)
1. **ChatGPT Plus** 전략·보고서 작성 chat.openai.com	1. **Google Gemini** 기획·아이디어 gemini.google.com
2. **Grammarly Premium** 문서 교정 grammarly.com	2. **Canva** 보고서 디자인 canva.com
3. **Beautiful.ai** PPT 자동 생성 beautiful.ai	3. **Otter.ai** 회의 요약 otter.ai
4. **Murf.ai** 음성·더빙 제작 murf.ai	4. **ChatDOC** 문서 Q&A chatdoc.com
5. **Perplexity Pro** 검색·요약 perplexity.ai	5. **Notion AI** 매뉴얼·회의록 notion.so

에필로그

현장에서, 현장을 위해

2025년 봄날이 아쉬움과 함께 지던 5월 말 어느 저녁, 헛헛한 마음에 절친한 후배들과 술잔을 기울였다. 선술집에는 '김성호의 회상'이 잔잔히 흘러나오고 있었다. 최선을 다해 무언가를 이루고자 했던 지난 조직생활이 오버랩되며, 자연스럽게 화두가 떠올랐다. "요즘 기업에서는 무엇이 가장 큰 고민일까?"

대부분의 시간을 인사부문에서 보냈기에 채용, 평가, 보상, 조직, 교육 등 두서없이 이야기를 나누다 보니, AI 시대가 성큼 다가온 지금 기업 현장의 혼란이 눈에 선했다. 인사 관점에서 보면 AI 활용의 급속한 확산에 따른 업무와 조직구조의 재편이 가장 시급한 과제일 것이고, 이에 연동한 전략적 인력운영 또한 중요한 숙제일 것이다. 그러나 어떤 환경에서건, 조직의 성패를 좌우하는 것은 결국 리더의 몫이다.

기업 현장에서 인사 실무를 담당할 때에도 가장 중요한 업무는 리더를 육성하고 발굴하며, 가장 적합한 조직과 매칭하는 일이었다. 현대는 이미 오래전부터 VUCA의 시대로 불려왔다. 기술과 사회 발전에 따른 변동성Volatility은 점점 증폭되고, 한 치 앞을 볼 수 없는 불확실성Uncertainty, ESG 경영과 대내외 경제환경 및 규제가 거미줄처럼 얽혀 있는 복잡성Complexity, 그리고 어제의 정답이 오늘의 오답이 되는, 의도하지 않은 성공과 의도한 실패가 교차하는 모호성Ambiguity의 시대. 그만큼 조직에 비전을 제시하고 성과를 견인해야 할 리더의 힘이 더욱 중요해졌다는 의미다.

기업 현장에 계신 분들께 어떤 도움을 드릴 수 있을까 고민하다가, 리더십에 대한 작은 책을 후배들과 함께 내기로 했다. 기업의 인사·교육 부문에서 근무했던 저자들의 경험과 인사이트를 바탕으로, 이번 기회를 통해 리더십의 유형을 정리하고 AI 시대에 필요한 리더상을 제시해보았다.

기업과 조직 현장에서 불철주야 고생하고 계신 모든 분들께 이 책이 조금이나마 도움이 되기를 바란다. 당신의 리더십 여정에 작은 이정표가 되기를, 그리고 내일의 당신이 오늘보다 더 나은 리더로 성장하기를 진심으로 응원한다.

저자 대표 이상렬 올림

참고문헌 및 추천도서

Chapter 1. 흑백 리더십의 발견: 리더십 거장들의 생각을 엿보고 싶을 때

- 일론 머스크, 미래의 설계자 (Ashlee Vance)
- 소스 코드: 더 비기닝 (Bill Gates)
- 스티브 잡스 (Walter Isaacson)
- 약속의 땅 (Obama, B)
- 아메바 경영 (Inamori, K)
- Dare to lead: Brave work. Tough conversations. Whole hearts. Random House (Brown, B)
- Immunity to change: How to overcome it and unlock the potential in yourself and your organization (Kegan, R., & Lahey, L. L)
- Act like a leader, think like a leader. Harvard Business Review Press. (Ibarra, H)
- Built to last: Successful habits of visionary companies. HarperBusiness. (Collins, J., & Porras, J. I)
- Drucker, P. F. (2001). The essential Drucker. HarperBusiness.

Chapter 2. 나의 리더십 DNA: 9가지 유형: 다양한 리더십 이론을 알고 싶을 때

- 리더십 챌린지 (Kouzes, J. M.; Posner, B. Z)
- 두려움 없는 조직 (Edmondson, A. C)
- 하이 아웃풋 매니지먼트 (Grove, A. S)

- 리더십 파이프라인 (Ram Charan, Stephen Drotter, James Noel)
- 리더는 마지막에 먹는다 (Simon Sinek)
- Bennis, W. (2009). On becoming a leader (20th anniversary ed.). Basic Books.
- Heifetz, R. A. (1994). Leadership without easy answers. Harvard University Press.
- Maxwell, J. C. (2011). The 5 levels of leadership. Center Street
- ※ 논문) Kelman, H. C. (1958). Compliance, identification, and internalization:
- Three processes of attitude change. The Journal of Conflict Resolution, 2(1)

Chapter 3. 실전 흑백 리더십: 다른 기업/리더의 경험과 지혜를 엿보고 싶을 때
- 실리콘밸리의 팀장들 (Scott, K)
- 구글의 아침은 자유가 시작된다 (Laszlo Bock)
- 규칙없음 (Reed Hastings)
- 일하는 인간 (Daniel Coyle)
- 원씽The (One Thing)
- Heifetz, R. A., Grashow, A., & Linsky, M. (2009). The practice of adaptive leadership. Harvard Business Press.
- Hill, L. A., Brandeau, G., Truelove, E., & Lineback, K. (2014).
- Collective genius: The art and practice of leading innovation.

Harvard Business Review Press.
- Goldsmith, M. (2007). What got you here won't get you there. Hyperion.
- Northouse, P. G. (2021). Leadership: Theory and practice (9th ed.). SAGE.

Chapter 4. AI 시대, 리더의 미래: AI와 미래에 대한 영감을 얻고 싶을 때

- 모두 인공지능 백신 맞았는데 아무도 똑똑해지지 않았다 (유영만)
- 예측 머신: 인공지능이 바꾸는 경제의 미래 (Ajay Agrawal, Joshua Gans, Abi Goldfarb)
- 코나투스 (유영만)
- 맥스 테그마크의 라이프 3.0: 인공지능이 열어갈 인류와 생명의 미래 (Max Tegmark)
- AI 슈퍼파워: 중국, 실리콘밸리 그리고 새로운 세계 질서 (Kai-Fu Lee)
- AI Powered Leadership: Thriving in the Age of Artificial Intelligence (Karthikeyan & Anadan)
- Superintelligence: Paths, Dangers, Strategies (Nick Bostrom)
- The Coming Wave: Technology, Power, and the Twenty-first Century's Greatest Dilemma (Mustafa Suleyman & Michael Bhaskar)

흑백리더십

초판 1쇄 발행 2026년 1월 1일

지은이 이재하 이상렬 서남식

내지·표지·일러스트 김미나
마케팅 임주성 **경영지원** 이지원

펴낸곳 파지트 **펴낸이** 최익성
출판총괄 이유림 **출판등록** 제2021-000049호

주소 경기도 화성시 동탄원천로 354-28 **전화** 070-7672-1001
이메일 pazit.book@gmail.com **인스타** @pazit.book

© 이재하 이상렬 서남식 2025
ISBN 979-11-7152-124-1 (03320)

- 이 책 내용의 일부 또는 전부를 재사용하려면 반드시
  저작권자와 파지트 양측의 동의를 받아야 합니다.
- 책값은 뒤표지에 있습니다.
- 이 책의 표지 및 삽화 일부는 Midjourney AI를 활용하여 제작되었습니다.

THE STORY FILLS YOU
 책으로 펴내고 싶은 이야기가 있다면, 원고를 메일로 보내주세요.
 파지트는 당신의 이야기를 기다리고 있습니다.